现代语言学理论与应用研究

孙西瑾　彭　琰　著

文化发展出版社
Cultural Development Press
·北京·

图书在版编目（CIP）数据

现代语言学理论与应用研究 / 孙西瑾，彭琰著．—
北京 ：文化发展出版社，2024.1
ISBN 978-7-5142-4301-7

Ⅰ．①现… Ⅱ．①孙… ②彭… Ⅲ．①语言学－理论
研究 Ⅳ．① H0

中国国家版本馆 CIP 数据核字 (2024) 第 027632 号

现代语言学理论与应用研究

孙西瑾　彭　琰　著

出 版 人：宋　娜
责任编辑：张宝平　　　　责任校对：侯　娜
责任印制：邓辉明　　　　封面设计：守正文化
出版发行：文化发展出版社（北京市翠微路 2 号　邮编：100036）
网　　址：www.wenhuafazhan.com
经　　销：全国新华书店
印　　刷：天津和萱印刷有限公司

开　　本：710mm × 1000mm　1/16
字　　数：200 千字
印　　张：11.25
版　　次：2024 年 1 月第 1 版
印　　次：2024 年 1 月第 1 次印刷

定　　价：72.00 元
I S B N：978-7-5142-4301-7

◆ 如有印装质量问题，请电话联系：010-58484999

前　言

语言作为人类重要的交际工具，时时刻刻存在于人类的社会生活中。它是人类交流思想、抒发情感、传递信息必不可少的载体。语言是人类特有的宝贵财产。没有语言，就没有人类的文明。语言的主要功能是社会功能和思维功能。其中，社会功能包括信息传递功能和人际互动功能。语言是思维的载体。人类借助语言保存和传递其文明的成果。语言是由人类创造的，只有人类有真正的语言。尽管许多动物也能够发出声音来表达感情或者在群体中传递信息，但这只是一些固定的程式，不能随机变化。只有人类才会把无意义的语音按照各种方式组合起来，使这些语音成为有意义的语素，再把语素按照各种方式组合成话语，用无穷变化的形式来表示各种意义。人类创造了语言之后又创造了语言的视觉形式，即文字。文字突破了口语在时间和空间上的限制，能够发挥更大的作用。

本书的主要内容为现代语言学理论与应用研究。第一章为语言学的基本概况，包括三个方面，分别是语言学概述、语言学的分类、语言学的理论流派；第二章为认知语言学理论及应用研究，主要了介绍三个方面的内容，依次是认知语言学的基本概念、认知语言学的词汇阐释、认知语言学的词汇教学应用；第三章为系统功能语言学与教学应用研究，介绍了三个方面的内容，包括系统功能语言学的理论知识、系统功能语言学的教学研究、系统功能语言学的外语教学应用；第四章为心理语言学理论及应用研究，介绍两个方面的内容，依次是心理语言学的理论知识、心理语言学的实践应用；第五章为计算语言学理论及应用研究，包括两个方面，依次是计算语言学的理论知识、计算语言学的实践应用；第六章为传播语言学理论及应用研究，包括三个方面的内容，依次是传播语言学的理论知识、传播语言学在广告领域的应用、传播语言学在新媒体政务领域的应用。

本书内容系统全面，论述条理清晰、深入浅出，适合语言学相关专业的学生、中小学教师、中小学生家长阅读。在撰写本书的过程中，作者参考了大量的文献，也得到了许多学者的帮助，在此向他们表示真诚的感谢！

限于作者的水平，加之时间仓促，本书难免存在一些疏漏，在此，恳请各位同行专家和读者朋友批评指正！

孙西瑾　彭　琰

2023 年 5 月

目　录

第一章　语言学的基本概况

语言学是一门领先的科学，它的发展对人文社会科学和自然科学的发展都有重大的意义。本章的主要内容是语言学的基本概况，分别从三个方面进行相关论述，依次是语言学概述、语言学的分类、语言学的理论流派。

第一节　语言学概述

本节主要内容为语言学概述，主要包括语言及其发展、语言学及其发展。

一、语言及其发展

语言的起源与变化有其内在的原因，同时也受外界的影响，这些都增加了语言演化问题的复杂性。

（一）语言的起源

语言起源理论能够分为连续性假说和非连续性假说两种类型。连续性假说的观点为语言无法突然间形成，其是灵长类祖先的语言演变发展出来的。非连续性假说的观点是语言有着独特的特点，是在人类演化过程中的某一时间点上突然出现的。

（二）语言的概念

语言既是一种关键的文化表达方式，又是人类生存不可或缺的基本特征。当代人文科学最核心的问题就是语言问题。语言是民族的关键标志之一，同时也是社会的重要组成部分。保持本国语言的正确使用至关重要。在都德的《最后一课》中，我们能够感受到语言不仅是一种工具，更是一种信仰。当下，我们生活在一个包含 200 多个国家与地区、约 2 000 个不同民族及成千上万种语言的世界。这些多样性的元素，如不一样的民族、肤色、历史和文化传统，一起塑造了一个多姿多彩的地球。不一样的文明对话、互动及整合形成了源远流长的人类文明。

当今社会，信息成为人类生存发展的基本条件，这个时代已经成为“语言的时代”。①

各位语言学家给语言下的定义有很大不同，这反映了语言的复杂性。下面仅举出其中部分定义。

①语言是一种特定的声音符号系统，社会群体用它来实现交流和协作。

②语言是用于表达事物、动作、思想和状态的一个系统。

③语言是一种通过呼吸器官发声并将信息进行交流的符号系统，它是人类最关键的交际工具之一，也是我们存在的重要方式。

④语言是一种符号系统，此符号系统借助语音去表达，将语义作为内容，并借助词汇与语法规则进行构建。

⑤语言是一种独特于人类的符号系统，它在人际关系中充当着表达互动的媒介，在人与外部世界的交互中作为认知工具，同时也承担着文化信息的角色。

⑥语言是由一套有限的成分所构成的长度有限的无限句子的集合。

无论哪种定义，人类始终是语言的中心。语言中的符号与实际事物间的联系是基于社会共识的，由使用该语言的人群所约定的。语言与人类的思维紧密相连。尽管科学技术不断发展，但迄今为止，我们尚未完全复制出与人脑语言功能相似的工具。

语言有口头语和书面语、自然语言和人工语言之分。从符号学角度来讲，语言是一种符号系统，并且在所有的符号系统中，语言符号最简便、最灵活、容量最大、效果最好，因而也最常用。语言是符号的集合（符号集）。在语言中，最小的符号是音义结合的最小单位——语素，可以自由使用的符号是词，而句子则是符号组装的成品，是符号的序列。

（三）语言的特征

1. 语言的创造性

语言属于一种典型的认知手段，是人类在创造发展中逐渐形成的一种高级交际工具。除了人类之外，其他动物彼此之间也会进行交流互动。当然，这种交

---

① 海然热．语言人：论语言学对人文科学的贡献[M]．张祖建，译．北京：北京大学出版社，2011．

流与沟通需要特定的信号加以指定。例如，鸟类偏重于声音的流畅度，习惯用婉转的叫声进行求偶活动；蜜蜂则是通过动作向同伴传递信息，也就是人们眼中的“舞蹈”；猴子则会通过呼唤告知同伴敌人的到来。在进行语言研究的过程中，与黑猩猩有关的“语言”研究比较引人注目。

20 世纪 70 年代美国内瓦达大学的艾伦·加德纳和比亚特丽丝·加德纳教一只名叫瓦休的雌性黑猩猩学会使用 100 多种美国聋哑人手势语。

但是科学家通过仔细研究后发现，这些黑猩猩表现出的卓越的语言能力并非出自它们本身，而是长期训练所带来的影响。黑猩猩在不断重复的训练中获取了一些活动经验，并且这些经验在一些奖励的刺激下变得更加深刻。也就是说，这些训练虽然可以起到启发语言的作用，但是这些动物并不能创造新的合乎语法的句子，更无法用这些符号来表达自己的情绪与心境。因此，这些“语言”与人类的语言是存在本质上的差异的。单一的语词符号构成新的组合体，这与动物具有的单一连续的信号系统是不同的。部分语词、发音在不断地重组与更新后形成了新的句子。

2. 语言的规则性

虽然有限数量的语言元素可以构成无限数量的新句子，但是这种构成不是任意的，只有极少数词的组合被承认是句子。语言本身受一定规则的制约，单词结合为词组，词组结合为句子，都是有一定规则的。在一般情况下，人们创造性地运用语言时并没有意识到自己遵循的语法规则，无论人们在构造新的句子还是构造自己遇到过的句子时，一般都意识不到自己在遵循任何语法规则，就好像遵循如何走路的规则一样。然而，即使是儿童，即使他们对语法一无所知，即使他们所讲的话按标准语法来看有许多错误，他们的这些错误也往往只是表面的，不至于错到使人听不懂的地步。

为了强调人类语言和其他动物语言的区别，国外学者提出了语言的五条准则。

①单位（词）的语义性和任意性。语言的一个特点是它的单位（词）具有一定的意义。单位（词）的形式或发音和它所表示的意义之间有一定的联系，但这种联系是任意的（或者说是社会约定的）。没有什么理由说明“鞋”这个词一定要表示这个意思，如蜜蜂找到食物后会用舞蹈来告诉同伴食物的方向和距离，这种舞蹈与它所表示的意义的联系也是任意的。

②离散性。语言含有像词这样离散的单位，这些离散的单位可以构造成无限多的组合体。蜜蜂的舞蹈没有离散的单位，它们用身体运动的强度来表示食物的

距离，这个强度的参数可以有无限变化，但这种变化是连续的。

③替代性。语言可以在没有任何直接控制和刺激的情况下产生。猴子的报警信号就没有这种替代性，猴子只在危险时才发出报警呼叫。

④生成性，即语言的创造性。用有限的离散的单位，通过拆装递归组合成无限多的新句子。

⑤重复与循环。重复指的是一种在句子后面增加词或其他语言单位而产生新句子的可能性；循环指在短语或句子中加入从属的短语或句子，从而产生新句子的能力。重复、循环可以无限地进行下去。

有学者认为，动物的通信系统虽然可能具备语言的某几条准则，但至今还没有发现哪种动物的通信系统将以上五条准则全都具备了。只有人类的语言才具备这五条准则，也只有人类的语言才称得上真正的语言。

3. 语言的多义性

多义性是自然语言的一个重要特征。它一方面表现了语言的适应性，即语言能适应不断变化的社会发展；另一方面，语言也可以是认知与交流工具，多义性也反映了人类对社会的认知的复杂性。多义性在描述与解释现实世界时扮演着关键角色。从本质上来说，多义性是语言意义的一种扩展，通过不断吸纳新的概念和经验，使词汇的意义范围得以扩大。但是，传统修辞学主张使用一词一义或一义一词的理想语言，通常将语言的多义性视为语言的缺陷。人类社会在不断演进，我们的认知能力也有了很大的提升，并且随着新事物的涌现，人们开始将最初用于描述一种事物、属性或过程的词汇应用于描述其他事物、属性或过程，这为语言的多义性奠定了基础。语言多义性的存在证实了人们拥有了更大的智慧，这种进步与发展在语言能力的演进中得以体现。

从基本功能来看，人类语言是进行交流互动与认知的工具，它用于编码与解码信息，不管是表达信息还是理解信息，都涉及语言的多义性。一方面，人类努力发挥已有的语言工具的作用，以丰富多样的方式来表达信息。不管是运用言辞的技巧还是采用比喻，都是为了积极地利用多义性来获得更富有表现力的语言效果。另一方面，人们也致力于避免因多义性而引发语言上的歧义与误会。

在历史上，人们往往借助逻辑学、哲学、心理学以及社会学等领域来对语言现象进行阐述。语言学理论在不断发展，语义学理论也在不断发展，同语言研究相关的众多学科都发生了显著的变化。现在，人们正在努力借助语言来审视这些相关学科的意义范畴，以寻求更深刻的理解。语义学是一门致力于探究语言单位的意义的学科，在语言研究范围当中具有显著地位。它的研究范围涵盖了句法学、语音学等多个学科，并与这些学科相互交织，形成了众多相关学科，如句法语义学、构词语义学、结构语义学等。在语义学这一学科内部，研究的焦点逐渐转移到微观层面，研究者更加关注语义单位内部的结构与语义关系。在这个过程中，多义性问题从始至终是语言学家，尤其是语义学家们持续密切关注的核心问题之一。

传统语言学理论在多义性问题方面通常更侧重于对多义词的讨论。多义词往往会被认为具有表示现实世界里面不一样的事物与概念的能力。传统语言学的研究，主要关注多义词和同音异义词的区分、多义词内部义项的界定，以及怎么样区分多义词不一样的含义等问题。

尽管过去在不同程度上研究了这些问题并取得了一些成果，然而，目前，在我们将以上问题融入更综合性的语义学理论研究里面，尤其是整合到语言的综合描述原则里面的时候，这些问题依旧有着重要的研究意义和作用。这是由于随着语言学理论的不断进展，以及语言意义方面的研究与描述方式的改进，多义性问题也在接受与以往不同的多方面、多维度的研究和描述。

最近几年，人类中心研究范式在不断发展，认知语言学在不断进步，多义性问题变得尤为重要。认知语言学采用全新的意义观，从不同角度审视与探讨语言现象，以此来对语言学现象进行解释。通过应用认知语言学的理念和洞见，传统的语言学研究获得了新的突破，其中也涵盖了对语言多义性的探究。多义性不只是一种语言现象，同时还代表了思维方式与对认知能力的展现。在人类将世界概念化与分类的过程中，多义性与语言的各个方面相互交织，积极参与并塑造了认知过程。多义现象对于人类认知与阐述世界的独特特征和能力进行了反映，呈现出人类思维的特有的特征。

（四）语言的本质

从诸多学者对语言的定义中我们不难看出，语言在历史发展中体现出本质特征：语言不仅是人类最重要的交际工具，是一个音义结合的符号系统，也是一种思维活动，还是一种文化载体，并且具有特殊的生理基础和能产性或创造性。

1. 语言是交际工具

如前所述，语言是人类独有的，是人们展开交际的工具。语言是人们交际实践的产物。换句话说，正是因为交际的存在，语言才能够有生命。世界上任何人都不可能创造出一种只有自己认知和清楚的语言并与他人展开交际。既然语言是人们用于交际的工具，那么，其必然会在社会群体中被运用。在具体的实践过程中，人们学会了对语言进行运用，语言也正是在实践中才得到了发展。

2. 语言是音义系统

这里的音指的是语音，是作为语言的外壳出现和存在的，语音的最小单位是音素；这里的义指的是语义，是语言的意义内容，包含词汇意义、语法意义、修辞意义等。如果没有语音，那么语义就不能表达出来；如果没有语义，那么语音也就不能作为语言单位存在了。语言系统本质上是由符号构成的。社会交流的需求形成了一个潜在的意义体系，并且系统的呈现必须借助语义系统来完成。语义系统则需要借助语法系统，并通过语音形式进行呈现。然而，语言中的语音与语义的关联并非天生存在，词汇系统和语法系统的构建也不具有一定意义上的联系，它们都是在人类长久的社会互动与生活交往中形成的。

3. 语言是思维活动

语言是一种思维活动，并且语言与思维是相互依存的关系。也就是说，如果没有语言的存在，人们就无法展开思维；如果没有思维的存在，语言就不会顺利产生。由于受到历史、地理、人文、风俗等的影响和制约，人们逐渐形成了一定的思维方式，而这一思维方式是人们通过语言及各项活动来呈现的。

4. 语言是文化载体

语言既是自然现象又是文化现象。它是人们用来描述客观世界的独有的工具，同时语言符号也承载着文化的关键元素。语言反映了我们思维的方式、广度及深度。精神文化直接源于思维，而物质文化则是思维衍生的产物。美国著名的人类学家、语言学家萨丕尔指出，语言结构对思维结构予以规定，而从本质上说，思维结构决定着某一民族的文化结构类型。①因此，对一门语言进行学习的过程，实际上是对语言背后的思维方式展开学习的过程。

此外，语言的创造性还反映了人类精神。人类的思维和精神是对客观世界发展与变化的反映，而将这种思维与精神活动外现出来的方式就是语言。简单来说，一个国家、民族思维方式是什么样子，那么他们就会怎么说话。然而，当思维具体到可以感受语言时，这一过程实际就是交际的过程，是在真实地传达思想、表达情感。从上述内容我们不难看出，语言的创造性源自两大功能，即思维功能与交际功能。

---

① 何明霞．语言的本质与大学英语教学[J]．湖北经济学院学报（人文社会科学版），2010，7(11)：190—191．

（五）语言的发展变化

语言是一个进行持续性演进的体系，其中，词汇的演变速度最为迅猛。词汇的发展演变密切关系着社会的发展，新事物的涌出、旧事物的式微，以及人类对世界的了解程度的加深，均将在词汇系统中产生深远的影响。主要体现在新词汇的涌现和旧词汇的式微、词汇的替代，以及词义的演变和词汇的发展演变这几个方面。

不断前行的社会与发展变化的环境给人类带来了许多新的事物和前沿的理念，与之相对应的是人类在用词方面也会出现一些显著的变化，因此一些新的词汇和事物应运而生，如与当下生活密切相关的网络用语、新的科技产品等。新词的产生与壮大也会使旧词使用此书不断减少，因为词语的使用往往是与时代发展相一致的。

词语的替代是指改变对某一种现实事物的命名方式，简而言之，就是以另一种方式表达。这是词汇的变化过程当中经常见到的一种方式。这种方式的特征在于只是更改特定现实事物的称谓，而事物本质上未曾有改变。词汇替代通常有两个根本原因：社会因素和语言系统内在因素。

在古代汉语中，单音节词占主导地位，而在现代汉语中，双音节词更为常见。因此，很多古代汉语的单音节词汇在现代汉语词汇系统中换成了双音节词。例如，“目”变成了“眼睛”等。这一变化源于现代汉语内部语言系统的演化。其演变是系统的，一旦一个词有了变化，为了与其他词汇配合并保持音节协调，搭配的词汇也需要采用双音节的形式。

在现代汉语中，单音节词不断被双音节词替换，并且多音节词在不停地发生着变化。部分新名词通常就是将多音节词进行简单化，从而使多音节词变成双音节词，甚至被双音节词取代。在现代汉语里面，将全称替换为简称的状况成为一种十分常见的替代现象。例如，“彩色电视接收机”简称为“彩电”。

词义的演变是说词汇的形式保持不变，但其含义却发生了新变化。这种变化的原因多种多样，如古代汉语中的“布”原指麻织物，在现代生活中，布包括了麻、棉、化纤织物以及混纺织物，这就是因为现实世界的变迁导致的词义的演变。有些词义的演变是由人们对现实世界的认知发展导致的，如“虹”在古代被看作一种有生命体征、可以吸干水的虫，而今天我们知道“虹”是因为阳光照在水滴上发生折射形成的彩色弧，为自然现象。词义的演变在语言中非常常见，多义词通常是由一个简单的含义经过演变形成，是词义变迁的典型示例。许多单义词在运用的时候可能与非常多的事物联系在一起，或者因特定的临时用法而产生了新的意义，最终这些意义被固定下来，导致了多义词的出现，从而使一个词的含义产生了变化。

二、语言学及其发展

（一）语言学的定义

起初人们在应用语言时大多是将其作为一种沟通的手段、搭建交流的渠道，具有一定的目的性，语言有着较高的应用价值。被创造出的语言成分的总和或说话时所运用的工具大体上说就是语言。语言是由微小的部分集合而共同组成的整体，并最终将所有分散点汇总成一个完整的部分。语言的社会性表明了社会集团中的个体成员都有语言实践的权利，并最终形成一种语言宝库，这些思想或语法体系存在于每个人的大脑中。从实用的角度进行分析，运用语言的人不会将语言本身看作其独有的，而是将其看作一种共有的元素，认为它是从社会的诸多方面反馈出来，与社会发展一起成长的、属于全体成员的共同财产，是人们用于日常交际与互动的强有力工具。

语言学是 19 世纪上半叶建立的研究人类语言的一门现代科学，具体研究语言的内部结构、历史发展状况、本质、特征和规律。进入 20 世纪之后，语言学得到了更好的发展。除了进行自我革新之外，语言学也在潜移默化中对其他人文学科产生影响，学科之间的互融与渗透变得更加普遍，不同学科之间如文化语言学、心理语言学等都得到了交叉性的发展。

（二）语言学的发展

语言技术的发展会带动语言学产生一定的变化，其变化可以体现在不同的层面，最明显的就是研究领域与研究手段的改变。随着时代的进步，语言学领域也取得了长足的发展，无论是报纸杂志还是口语方言，都可以成为非常有价值的素材。随着时代的发展，有声媒体如雨后春笋般出现在人们生活的各个方面，给语言研究带来了新的契机。

与此同时，在人类进入网络时代之后，网络媒体的出现进一步拓展了语言视野，一些网络新词语得到了广泛使用。在书面语时代，语言研究手段主要是耳听手记、问石拓片、读书摘句、做卡片索引等。随着电波时代的到来，录音录像技术得到应用，口头语言研究技术发生了革命性变化。互联网时代是一个包容性极强的时代，不同类型的数据库技术、线上学术讨论等已经成为较为常见的研究手段。不同学科之间可以就语言问题从更加全面的角度开展讨论，呈现出“大科学”的研究态势。研究领域的不断扩大对语言学的影响是显而易见的，在语言观、语言学派的形成等方面都有较为明显的作用。

在此基础上，语料库语言学的发展使人们开始反思规则的效率问题，促使语言学得到了更好的发展。人们在解决各种生活性问题的过程中也促进了语言学的进一步发展。来自社会实际活动中的一些语言问题成了语言学发展的催动剂，很好地解决了语言技术、语言功能应用中的一些实用性问题。当前的语言研究，仍以平面媒体的语言为主要材料，语言研究的思维方式也基本是“平面媒体式”的，语言学对语言技术的研究与开发还不太“上心”，有声媒体时代、网络媒体时代的许多技术与产品，还有待成为语言学开发利用的技术手段。

1. 教育语言学

在开展教育活动的过程中，需要语言作为其强有力的支撑。在这种情况下，语言成为一种手段，被广泛应用于教育者与受教育者之间，成为一种主要的交流媒介。教育借助语言开展具体的工作，无论是传递过程还是实现结果，语言都发挥了重要作用。教育者在开展工作的过程中势必会围绕与教育有关的内容进行研究，而语言教育也成了研究人员研究工作的重要组成部分。对语言、语言教学和语言使用的研究，就是现在的语言学及应用语言学。众所周知，教师肩负着培养新一代人才的重任。对于教师而言，如何将语言的功效最大化地发挥出来，也是非常重要的。要想使教育的整个过程更加全面化，语言的使用效果与运用策略至关重要。教育学与语言学的结合使两者得到了更好的发展，语言的发展与使用影响着教育的最终效果。

教育语言学发展于 20 世纪 60 年代的美国，当时教育界遇到了一系列涉及语言教育的具有普遍意义的问题，如对一些没有条件参加基础性教育的成年人开展的成人扫盲教育、国家发布的重大语言教育政策等。教育语言学关注的是受教育者通过对知识的摄入与反复实践最终获得的语言权利，其研究的本质是教育与发展的问题。在开展教育研究及选择策略手段方面应遵循以人为本的发展原则，尊重受教育者个体的接受情况与发展现状，使受教育者的语言水平得到显著提升。教育语言学虽然属于一个独立的学科，然而却是在教育学和语言学的基础上逐渐发展起来的，其学习要素包含了教育学和语言学。一些与教育语言学联系较为紧密的学科，如社会学、心理学、人类学等，都为该学科的发展做出了巨大的贡献。

教育语言学的主要课题分为三大类：基于教育的语言发展和语言使用问题，学校环境中的语言教学（含外语教学）问题，语言教育政策的制定与实施问题。总而言之，教育语言学的作用是有目共睹的，它是一门课题明确、内容全面的独立学科。

在开展教育研究的过程中，其研究策略应体现多样化的特点，并尽可能通过不同层面展现出来，但其研究核心应该是唯一且明确的。在针对教育语言学进行研究的过程中，其问题与研究点是较为多样的，因此解决的方法与途径也呈现出多样性的特点，但教育语言学研究的中心问题依然是与教育相关的语言问题及语言教育问题。教育语言学无论在研究的深度还是广度上都有所扩展，这与语言学和各相关学科的专业知识及其应用有着较大的关系。教育语言学家在进行研究的过程中采取了多样化的研究手段，如从宏观或微观的视角进行研究，或是介于两者之间进行研究。无论研究人员是从哪个维度进行研究的，其核心要点仍然是学习者语言发展的问题及语言与教育的问题。教育语言学的研究涉及教育学、语言学等多个领域，这种融合相关学科的研究自然也为教育语言学家创造新的学术范式和研究方法提供了良好的条件。该学科的研究应做到理论与实践相结合，不能仅凭主观臆想开展实际工作，而是应在不断的实践中取得进步。这里关于教育语言学的阐释，可结合第三章的“系统功能语言学的教学研究及应用”部分进行理解。

2. 网络语言生活

语言交际时代的新发展与网络媒体的繁盛联系紧密，这种新兴网络环境的驱动下，语言生活也发生了许多大的改变。对网络媒体展开分析，就是对一个新的交际时代的判断与思考。这个新的时代有其独特的发展特点，能使人类频繁地在现实与虚拟两个空间之间进行转移与互动，并促成了语言生活的转变。早些年，人们会较为关注网络空间的“虚拟性”，将不同的空间进行划分以体现两者之间的差别，如进入虚拟空间之后运用网名开始以另一种方式存在。随着互联网时代的不断发展，网络与现实空间逐渐融合，两者区分的边界不再那么明显，人们也认识到了虚拟环境与现实空间的紧密联系，甚至把互联网视为现实空间的一种延伸。在“互联网 +”这一理念得到广泛认同的过程中，现实生活与虚拟生活更是融为了一体，给人们的生活与工作带来了便捷，并在生活的方方面面发挥出重要的作用。现阶段互联网已经广泛融入了人们的日常生活之中，网络语言生活已经成为人们重要的语言生活方式。

语言技术的长足进步使语言得到了持续性的发展，文字的产生到成熟经历了一个漫长的过程，语言技术在其中发挥了重要的作用。经过文字创制、印刷术、广播电视、互联网四个语言技术发展高峰，人类的“语言装备”和语言生活也发生了极大的变化，现实与虚拟两个空间交替或同步出现在语言生活的方方面面。

众多内在要素促成了语言学的进一步发展，这些要素使语言获得了新的生命力，使语言学得到了迅猛的发展。研究人员找到了许多新的研究方向，在研究手段与研究方法方面也取得了一定的进展，推动了语言观的更新。这里关于网络语言生活的阐释，可结合第四章的“语料库在心理语言学中的应用”部分进行理解。

第二节　语言学的分类

语言学从不同的角度可以进行不同的类别划分，如可以从功能、研究对象、研究的时间范围等角度进行划分。本节主要选择从外部和内部的角度进行论述。

一、外部角度

从外部的角度进行划分，有很多分类，但是因为篇幅有限，因此以下选择几种类别进行简要论述，在后面的章节中有更加具体的介绍。

（一）认知语言学

认知语言学可分为狭义和广义两类，分别以英语中的 cognitive linguistic 和 cognitive linguistics 进行表示，本书重点关注前者。认知语言学坚持体验哲学观，将身体经验与认知作为起点，并且将概念结构与意义研究看成核心，力求解开语言现象之后的认知方式，同时借助这些认知方式与知识结构去解释语言。这是一门跨学科的新兴学科，作为语言研究领域的新视角，认知语言学反映了人类对世界与本身的理解程度的最新进程，有着独立的哲学视角，同时在学科性质、研究目标、研究模式方面都独具特色。

认知语言学是一门新兴的交叉学科，融合了认知科学与语言科学的内容，其主要关注点是探究人类认知发展进程与语言之间的相互影响以及关系。认知语言学的核心议题是探究认知科学与语言科学之间的紧密相关性，这是该领域研究的首要问题。

认知语言学的发展背离了主流语言学，主要是反对以生成语法为主导的观点，所以从哲学角度进行分析，同其他语言学流派存在显著差异。

认知语言学的主要关注点是自然语言的范畴化结构，其中包括词汇原型、句法和语义两者的联系以及概念的分界等。认知语言学涵盖了多个分支领域，如认知音位学、认知词典学以及认知语用学等。

认知语言学是一门科学，用来关注认知和语言的动态，其一个显著特点是强调现代化的研究方法，整合运用了哲学、数学、逻辑学、计算机学等各个领域当中的学科思想、研究方式与技术。现今认知语言学领域中经常用到的研究方法不仅有内省法与理论分析，同时还有语料库研究与对比研究。此外，越来越多的认知语言学家开始支持实证研究，如通过实验等方式来进行深入研究。

（二）系统功能语言学

系统功能语言学的关注点聚焦于语言的实际应用，它不仅研究语言的实际使用，还建立了理论框架，然后通过实际应用来验证与完善这一理论。这凸显了系统功能语言学的高度科学性、客观性与实际应用价值。它强调了理论和实践的密切关系，表明如果脱离了实际语言使用者，系统功能语言学理论将无法存在。

系统功能语言学涵盖了两个不能分开的要素，即系统语法和功能语法，它们组成了一个语言理论框架。

系统语法或系统语言学侧重于阐述语言的内部系统结构，这个结构由相互关联的意义部分组成，这些部分形成了一个可供说话者不断进行选择的子系统网络，也被叫作“意义潜势”。语言是符号系统中的一种形式，在表达说话者的语义的时候，必须在不同语义功能部分做出适当的选择。这些选择是由语境的多个因素决定的，并可出现在不同的语言层级。总的来说，语言的内容塑造了其形式，而形式则通过实际言辞来进行展现。

功能语法或功能语言学强调语言是人们在社会中进行互动的工具。语言系统的构建是人类在长时间的交流过程中，为实现多样差异性的语义功能而形成的。人类在语言系统里面进行选择的过程，也是为实现特定功能而进行有意识的行为的过程。因为语言反映现实，所以功能语法就应该建立在实际的语言的基础上，这属于经验性理论。

（三）心理语言学

心理语言学是面向过程的一门学科。但凡是物体，都可以从其结构、功能和过程等不同角度来观察，如一栋房子，它是用各种建筑材料（砖木、水泥、钢筋、塑料等）建造成的，由墙壁、门窗、地板、天花板组成的建筑物。虽然它是给人居住和使用的，但其还可以有不同的用途（功能），例如用作会议厅、停车间、商店、超市、居民楼等。大多数人会更关心房屋的结构和功能，但是要把楼建起来，还必须有一个建造的过程，要有建筑图纸，而且按一定的操作流程来进行，先打地基，后建墙壁和窗户，最后才封顶。这个过程往往被房子的用户所忽略，但是过程其实是十分重要的，特别是在语言使用方面。

在心理语言学里，我们频繁使用的一个词语就是“语言加工”（language processing)，而 processing 这个动名词就是从名词“过程”（process）派生出来的。广义心理语言学是从心理角度研究语言的一门学科，狭义心理语言学是研究语言与大脑的关系，即研究语言行为和行为发生时的心理活动的学科。

（四）计算语言学

格里斯曼将计算语言学定义为一门研究如何利用计算机来理解和生成自然语言的学科。[①] 这个定义指明了计算语言学的研究目标和研究手段。“理解和生成自然语言”是计算语言学的研究目标；“利用计算机”是计算语言学的研究手段。更确切地说，应该是利用计算机建立传输说话者所表述和听话者所理解的信息的计算模型。

（五）传播语言学

传播语言学是一门综合性学科，它把语言学与传播学进行了整合，同时涵盖了文化、新闻、心理学等领域的内容。在研究的对象上，语言学与传播学相似性非常高，它们之间有着密切的联系，这为传播语言学的起源与发展提供了坚实的基础。传播语言学主要基于语言学，旨在深入探讨语言与传播两者之间的联系，以及语言本身的传播性质。

最近几年，我们的传播语言学研究将社会与语言紧密结合，旨在探索语言的本质、功能性及系统性的规律。这种探索正引领语言学朝着新的前沿迈进，随着新的语言表达方式以及研究方法的出现，语言学不断发展，正在走向新的高峰。

二、内部角度

从内部角度进行划分，语言学主要包括语音学、词汇学、句法学、语义学、语用学等。

---

① 张霄军．计算语言学[M]．西安：陕西师范大学出版总社有限公司，2011．

（一）语音学

语音与自然界的其他声音既有相同点，又有不同点。相同点在于，从自然属性看，声音都是因某些物体的周期性振动而引起的空气粒子的振动。不同点在于，语音不只是有自然属性，同时承载着社会属性。它是人际交流不可或缺的媒介，包含和传递着语言信息，是已被社会认可的语言符号形式。

语音拥有双重属性，既有自然属性又有社会属性，所以能够分别从这两个维度进行探索。倘若从自然属性的视角来看，研究语音的普遍特征及其在不同人类语言中的共性就属于语音学研究；倘若从社会属性的视角来看，在某一个具体的语言系统里面对语音的特定作用与影响进行研究则属于音系学的研究。

以科学仪器为研究手段，明确以语音为研究对象的现代语音学及各个分支，是在 19 世纪中叶以后发展起来的。人们在一百多年前建立了发音语音学，在 X 光等新手段的帮助下，从生理的角度大致弄清了语音是怎样发出来的。出现电子声学技术后，人们又抓住了传递中的音波，把它变为可视的图像，将语音的种种物理表现更准确地揭示了出来，并于 20 世纪 40 年代建立了声学语音学。20 世纪 50 年代后，语音的研究开始向听觉进军，研究人耳怎样接收语音，语音传到大脑的过程，以及大脑分析和感知语音的方式。大脑处理语音的机制是听觉研究中最复杂的内容，这是心理学研究的一个前沿领域。20 世纪和 21 世纪之交，随着计算机科学、医学技术的迅猛发展，对语音的发音、声学、听觉三方面的研究都进入了图形化、数字化的信息采集和处理的新阶段。例如，发音时口腔、声带的动态变化（发音），听音时的脑电波的动态采集（听觉），各种声波参数的数字化处理（声学），等等。

语音学的三个分支研究领域位于自然科学与语言学的交汇点，它们都需要广泛应用实验法与现代科学技术。语音的生理与物理研究关注语音的自然属性，而听觉研究则主要关注语音的心理属性。语音学的研究领域非常广泛，其中包含的内容也非常多。然而，对于刚开始学习语音的人而言，最为基础的还是理解发音原理，这对学习语言十分实用。

理解与掌握发音原理是语言学习者必须做到的基础事情之一，因为它直接影响后续学习。在实际运用里，人们一般会借助听觉来辨认语音。例如，正确发音是认字的前提，先对语言进行理解和辨认，后开始普通话、方言或外语的学习。模仿他人的发音是一种学习方法，但需要找到一个良好的模仿对象，并要特别留意发音中的细节，因为有时候听起来正确的发音实际上可能存在问题，所以，很少有人使用这种学习方法。

语音学研究的对象是语言里面的声音及进行语言行为时的身体肌肉的动作，自然界形成的声音及同语言没有关联的身体肌肉动作并不包含在内。所以说，语音学的研究内容应该是语音的自然属性。

要对看不见、摸不着的语音现象做出说明、进行分析，难度确实很大。语音研究的第一步，是把连续的语音离散为小的单元，并用见诸纸面的书写符号来表示它们。只有这样，语音才有了可以进一步分析研究的基础。这一步，最早始于文字的发明。

但不同文字离散出来的语音单元，有着不同的大小和不同完备程度的语音记录，因为发明文字并不仅仅是为了对语音进行记录和研究，它还要考虑语言中词义表达的需要。因此，语音研究还需要找到更适合自己的小单位记录符号。

最小的语音单位是从连续的语言流中进行分割，并经过一定归纳形成的。大多数人自然而然地认为音节是语言当中最小的语音单位。例如，表示“社会”这个意思的词，在汉语中被我们视为两个音节，在俄语中则被俄罗斯人视为三个音节。音节仍然不是线性音流里面最小的元素。我们能够借助比较的方式来对其探究。例如，汉字“大”（dɑ）与“杜”（du），它们的开头音均为“d”，“d”之后的音具有差异，分别为“a”与“u”。“a”与“u”在语音片段中已经是最小的了，无法再进一步分解。从将音流在时间上进行线性分割的角度进行分析，不管从发音还是听音的角度看，“a”与“u”均无法再分解为更小的单元。因此，它们都可以被视为语音中最小的线性单元。在语音学中，我们将这些最小的线性单元称为“音素”。在实际交谈过程中人们所听到的音节实际上就是它们根据一定的结构规律整合形成的。

经常有学生认为学习发音原理既沉闷又困难，但是这其中有一定的误会。当学习者把掌握发音原理同对一门语言的研究目的进行整合的时候，学生就不会再感觉到乏味。实际上，学习发音原理并不难，几乎每一个人都可以流利使用自己的母语，而母语中包含了许多在不同语言中都普遍存在的常见音素，这些音素对我们学习发音原理非常有帮助，当遇到不认识的音时，我们可以通过比较它与我们已经熟悉的音之间的差异来学会它。这种练习本身就十分有趣。人们的发音器官是相同的，所以借助自身的经验去理解发音原理并不是非常困难的事。可是，语音学领域的内容与术语可能会较多，并且还会涉及其他学科的知识，因此，仅仅是课堂上讲解一下、练习一两次，并不能够完全掌握语音学的知识。

从语音的自然属性看，无论男女老少，都有自己的发音特点，正因如此，每当我们接到熟人的电话时，往往能够听出这个人是谁。即使是同一个人反复发同一个音——“a”，但是由于每次张嘴的程度、用劲的大小、延长的时间等都可能有细微的差别，因此每次发出来的“a”也不是一模一样的。深究起来，每个人每次发出的“a”都是不相同的，但是我们没有必要把不计其数的不同的“a”都看作不同的语音单位。因为绝大多数“a”的差别都是非常细微的，只有仪器才能显示出来；即使人的听觉能够察觉一些差别，也可能因为差别很细微而不进行区分。

（二）词汇学

所谓词汇学，就是一门研究词汇的学科。词汇是语言的基本要素，人类思维离不开概念，而概念的语言形式主要表现为词汇。由此可见，词汇学对于语言的发展具有重要的作用。

1. 词汇学的定义

词汇学是一门有关词的学科。词汇的积累在英语学习过程中占据着重要地位，因此词汇一直是一些专家的重点研究对象。词汇学专家杰克逊等人在其合著的《词、意义和词汇：现代英语词汇学引论》一书中表示，作为语言学的一个分支，词汇学对词汇进行调查研究、描述并予以理论化。[①] 由此看来，词汇学是有关“词汇的学问”，即有关词汇的系统知识。

从更深层次来看，“词汇学”是研究词汇背后的规律性和系统性，以及词汇的结构关系和类别的学科。它运用语言学的相关理论，探讨词的意义及语义关系，阐述词汇的发展变化过程，能够了解现代词汇的系统知识、词汇的现状及其历史演变过程，能够对现代词汇发展中出现的各种现象做出分析和解释，从而提高对词语的理解、阐释和综合运用的能力。词汇学的研究范围现在已经变得十分广泛，有的领域已经形成相对独立的学科。例如，相互结合形成交叉学科，包括形态学、语义学、词汇语义学、认知语义学、词源学、词典学、认知词典学等。这些相互独立的学科和交叉学科正在把词汇学的研究推上一个新的发展高度。对词汇还可以进行历时和共时的比较研究。

现代词汇学研究的一个有力支撑是语料库语言学，语料选择、数据统计、定量分析等学科方法为研究词汇提供了新的观察视角和操作手段，既可以提供快速的检索工具，又可以有效提高语言样本的质量。

---

① 胡丹．英语语言学及应用语言学研究 [M]．长春：吉林人民出版社，2021．

2. 词汇学的分类

（1）根据研究对象划分

根据研究对象的不同，词汇学可分为普通词汇学和个别词汇学，也可以叫作一般词汇学和具体词汇学，两者之间是相互依存、彼此促进的关系。之所以这样说，是因为普通词汇学的形成和发展是建立在个别词汇学的基础上的；而普通词汇学建立之后，又不断指导个别词汇学，使之得到充实和发展。普通词汇学的主要研究内容是世界上所有语言词汇之间的共同规律，因此，它是关于词和词汇的一门研究学科，是普通语言学的重要组成部分。个别词汇学相对于普通词汇学来说，它的研究范围相对集中，主要是对某一种具体语言的词和词汇进行研究，如专门研究汉语词汇或英语词汇、俄语词汇等。

（2）根据研究范围划分

根据词汇研究范围的不同，词汇学分为广义词汇学和狭义词汇学。广义词汇学包括语义学、词源学和词典学等。狭义词汇学主要研究词和词汇的构成、分类和发展规律等。

（3）根据研究方法划分

根据研究方法的不同，词汇学可分为共时词汇学和历时词汇学，也叫作静态词汇学和历史词汇学。所谓共时词汇学，指的是对某个时期的词汇体系进行静态和描写式研究的一种形式，它强调的是某一个发展阶段。而历时词汇学则与之不同，它的研究是动态的，研究内容主要是词汇的起源和发展的历史过程。共时词汇学和历时词汇学代表的是截然不同的两种研究形式，但是它们之间却相互影响、紧密联系。词汇的静态描写，有助于历时词汇学的研究，而精通词汇的历史发展，有利于对词汇现状进行深刻理解。

（三）句法学

1. 句法学的概念

句法学是研究词是如何组成句子及如何支配句子构成规则的一个语言学分支。这一语言学术语的起源是希腊语，意味着排列。句子的构成依赖于词语的特定排列方法，正确排列的句子在语法上也是正确的。语法正确的句子是依照着一套句法规律进行组合形成的，句法从本质上来说就是一套规则系统。句法是由一套具有一定限制的抽象规则构成的系统，用来组合单词以构建句子。句子的语法性说的就是句子的结构应该符合说话者的语法知识，这是语法规则的基础。

2. 句法学的理论基础

句法学研究的是单词组成句子的方法，以及支配句子结构的原则。不同语言的句子顺序都不尽相同，如英语是“主语+谓语+宾语”，日语是“主语+宾语+谓语”等。显而易见，研究句子结构能够让我们更好地理解句子含义。

以下对句法学的基础理论知识——句法关系和句法层级进行论述。

（1）句法关系

①位置关系。

位置关系也叫“词序”，即语言中词的排列顺序。假如句子中的词语没有根据语言的常规要求按照固定词序进行排列，那么其形成的语言就是不合语法的，也是没有意义的。

The boy kicked the ball.

The ball kicked the boy.

Boy the ball kicked the.

上述三个句子中，后两个句子均不符合语法。

事实上，世界上所有语言都有三种分类方法：词序分类、起源性分类及区域分类。如果按照词序进行分类，世界上所有语言均存在以下六种类型：SVO，VSO，VOS，SOV，OVS，OSV。其中，S代表主语，V代表谓语动词，O代表宾语。

②替代关系。

替代关系具体包含两种情况。

第一，可替代某一语言单位的语法现象。

The woman/girl/boy smiles.

上述例子中的the woman、the girl、the boy可以相互替代，作为本句的主语。

第二，语法上可共同替代某一词语的词语集合。

He went there yesterday/the day before yesterday/last week.

上述这句话中的副词短语可以相互替代。

③同现关系。

同现关系指不同组小句中的词语可以准许或要求另一个集合或类别中的词语同现，从而构成句子或句子中的某一个部分。例如，名词短语之前可以有一个限定词和一个或多个形容词，其后跟一个动词短语。

（2）句法层级

①短语。

短语是在句法、语义和语用三个层面都能够搭配组合的没有句调的语言单位，也称为“词组”。短语是大于词而又不成句的语法单位。

短语会围绕一个中心词展开。这个中心词在短语中起着语法作用，并且受其他词修饰。

对中心词的词性进行划分，英语短语有以下几种。

第一，名词短语主要以名词为中心，其可以在句子中充当主语、补语和定语等成分。

第二，限定动词短语就是中心词为有人称和数的变化的动词的短语。

第三，形容词短语的中心词为形容词，其在句子中通常充当定语或补语成分。

第四，副词短语是以副词为中心的词组。副词短语可以修饰介词短语、动词短语、句子等成分。

第五，介词短语主要由介词和介词宾语构成。在英语句子中，介词短语可以充当定语、状语、补语等成分。

②分句。

分句主要由一个或一个以上的短语构成，形成一个主谓结构。根据分句的不同用法，可以将其分为独立分句和非独立分句。

独立分句可单独使用，其本身可构成一个简单句的分句。独立分句有三种类型：简单句、并列句中的分句及复合句中的主句。

非独立分句不可作为独立成分使用，需要从属于其他分句。非独立分句实际上就是人们常说的从属分句，即从句。从句又分为名词性从句、定语从句及状语从句。

③句子。

从传统意义上说，句子是语言中可以表达思想的最小语言单位。

按照传统的二分法，可以将句子分为简单句与非简单句两种。按照句子的功能，可以将其分为陈述句和祈使句。

美国著名语言学家鲍林格指出，按照词类可以将句子分为以下五种。

第一，名词词组＋不及物动词。

第二，名词词组＋系动词＋补语。

第三，名词词组＋及物动词＋名词词组。

第四，名词词组 + 及物动词 + 名词词组 + 名词词组。

第五，There+ 存在性动词 + 名词词组。

（四）语义学

1. 语义学的内涵

语义学研究的是语言单位和话语的意义，包括意义的本质、意义间的关系，以及意义间相互作用的规则。这种意义是抽象于语言使用之外的，是自然语言的各个单位的意义，包括词素、词、词组、句子、篇章等。

由于语义会反映人类的思维过程和客观实际，因此，它与人类活动过程中所涉及的方方面面都有着密切的联系。作为研究语义关系的一门学科，语义学与哲学、心理学、逻辑学、人类学、符号学等学科也都有着密切的联系。这样，语义学实际上成了跨学科的交叉性学科。总的说来，语义学是语言学的一个分支学科，语义学可以进一步分为词汇语义学与句法语义学两个方面，它们分别关注词汇与句法在语义上的问题。词汇语义学的关注重点为词汇的语义结构、语义关系及语义演变等方面的问题；句法语义学则主要关注句子的语义构建、语义关系及句子与句子间的意义关联。以上是从微观角度进行的论述。从宏观角度看，语义学的研究内容有内外之分，所谓“内”，就是从语言单位意义本身出发，研究其特点、构成、各个单位意义之间的关系等；所谓“外”，一方面是要研究语言符号与其所指称的外部世界的关系，另一方面是要用语言外部的世界来判断一句话的存在意义。

2. 语义学的起源与发展

1897 年，法国语言学布雷阿尔的著作《语义学探索》问世，对语义学的研究对象和方法做了系统的阐述，从而标志着语义学作为一门独立学科诞生了。然而在随后的漫长时间里，语义研究并未受到太多的重视。直到 20 世纪中期，人们才开始重视对语义的研究。世界各国都对语义问题十分重视，很多学者不仅对其进行研究，同时也出版了很多相关的专著。由此可见，随着语言学的发展，语义学在现代语言学研究中的地位不断上升。今天，语义学已突破了传统的语义学在研究层次和研究方法上相对单一的局限，实现了跨学科、多维度和多层次的研究。未来语义学发展的两个重要方向是认知语义学和形式语义学。

回顾语义学研究百年来的发展历程，有学者将其分为以下四个阶段。

（1）准备阶段

在这一阶段，历史比较语言学的兴起和浪漫主义诗人对于词语的兴趣，催生了语义学。

（2）词源学阶段

在这一阶段，语义学家对语义变化的类型、方式和原因进行了深入的探讨。

（3）结构主义阶段

在这一阶段，语义学家们将索绪尔的结构主义语言学理论的原理和方法应用到了语义变化的研究中。其中的杰出代表是德国的特雷尔，他提出了著名的语义场理论。乔姆斯基也通过不断修正自己的转换生成句法，将语义解释涵盖在自己的理论中。随着对于句子意义研究的重视程度不断加深，人们开始认识到句子意义并不等于词语意义的简单相加，应该成为一个独立的研究对象。

（4）多元化的阶段

这一阶段的特点是，语义学研究更为多学科、多维度和多层次。研究者运用语言哲学、心理学等学科的方法，从不同的角度、不同的层次对语义进行研究。

3. 语义学的研究内容

语义学的研究主要包括以下三个方面的内容。

（1）词汇语义研究

词汇层面的研究主要集中在词义问题、义素分析、词的聚合问题、词汇场、同形异义词和多义词、成语的语义等方面。

（2）句子语义研究

句子层面上的研究以真值条件语义理论、配价理论、生成理论、言语行为理论、含义理论为基础，对句义关系、句法结构和语序等问题进行研究。

（3）话语语义研究

这是针对句子以上的层次的结构意义方面的研究，包括话语的标准、话语的衔接、话语的连贯及照应等。

随着语言学的发展及语义学的研究不断深入，目前在国际上语义学越来越受到重视。但是，就其在我国的发展状况来看，因为语义学的发展较晚，专门从事语义学研究的队伍还不够强大，所以难免存在着一些问题，具体来说包括以下几点：研究领域发展不平衡，研究方法受到制约，研究的应用性有待加强。但是从整体来看，我国的语义研究已经走过消化、吸收西方语义学理论的阶段，现在已能利用西方语义学理论来解决自己的具体问题。

（五）语用学

语言的使用简称语用，它受到诸多原则、准则的制约，包含复杂的推理过程。对语用现象进行研究的学科是语用学。

1. 语用的概念

语用指的是人们在具体的语言环境中使用语言进行交际、表达特定意义并产生相应交际效果的行为。

语言的应用看似容易，但实际上复杂多样。在交流中，人们不仅传达字面意思，还会传达更深层次的隐匿的意思。

2. 语用学的概念

语用学就是研究语言使用和其规则的学科。这是最新兴起的一门学科，在研究语言应用和实际语言运用中具有关键意义。语用学本身就是语言学研究的进步和发展成果，在语言交际领域是新的突破，提出了新的理论和解释办法，尤其是使得语义学的研究得到丰富。在实践领域，一方面提出了关于语用的理论，另一方面为语言的使用提供了理论指导。

3. 语用学的形成及发展

语用学一般被认为形成于 20 世纪 20 年代。当时由于发现并关注了一些长期为语言学家所忽视或有意回避的问题，开拓了理解和解释语言意义的途径，因而引起人们的广泛关注。美国哲学家查尔斯·莫里斯在其所著的《符号理论的基础》一书中，首次把符号学分为语形学、语义学和语用学三个部分。

20 世纪 70 年代语用学进入成熟阶段。1977 年，荷兰正式推出了《语用学杂志》，这标志着语用学成了一门新兴学科，并且获得了广泛认可。

随着 20 世纪 80 年代的到来，语用学得到了迅猛的发展。1983 年，著名语言学家利奇出版了《语用学原则》，而莱文森也在同一年出版了《语用学》。1986 年，国际语用学会成立，并将《语用学杂志》作为学会的学术刊物。

4. 语用学的分支

语用学研究兴起后，许多学科都开始对其加以关注，并对语用学做了不同角度的研究，由此出现了诸如形式语用学、描写语用学和应用语用学等分支学科。

形式语用学主要研究语用的形式和范畴、语用形式化最恰当的方法，从语言与逻辑、语言行为与模式、意义与文化等方面探索语言在人类活动中的表现。

描写语用学着力对各种语用现象进行详细描写，主要研究来自人们根据经验总结的有关自然语言的应用原则，分析自然语言如何同语言环境相关联。此外，句子和话语中的词语和结构意义受语境制约的因素也是描写语用学研究的对象。描写语用学的主要研究内容包括指示语、预设、会话含意、言语行为、顺应、关联、会话结构等几个方面。

语用研究与理解话语有关的领域结合形成的分支学科一般称为应用语用学。这些领域包括文学、修辞学及应用语言学等，如人机对话和人工智能、语言教学、语用对比等。

随着语用学研究的不断深入，出现了跨文化语用学、教学语用学、医学语用学、心理语用学、认知语用学等许多分支学科。这些分支学科的研究一方面使得语用学的研究更加细化，另一方面也使语用学的研究更加贴合实际，更具有实用价值。

第三节　语言学的理论流派

本节主要对比较有代表性的语言学理论流派进行相应介绍，主要包括索绪尔的语言学、布拉格学派、哥本哈根学派、美国描写语言学、叶斯柏森的语言理论、法兰西学派。

一、索绪尔的语言学

瑞士语言学家索绪尔是现代语言学的奠基人。索绪尔所提出的语言学说，是语言学史上哥白尼式的革命，对于现代语言学的发展有着深远的意义。现代语言学的流派各有不同，但是，不论哪一个流派，都直接或间接地受到索绪尔语言学说的影响。索绪尔最先将结构主义思想应用于语言学研究，后来产生的布拉格学派、哥本哈根学派、美国描写语言学派尽管各有其研究角度和研究重点，但都被统领于结构主义的大旗之下。索绪尔的理论主要包括以下几方面。

（一）关于比较语言学

索绪尔在语言研究领域做出的关键贡献主要体现在对普通语言学的研究上。在他还没有对普通语言学教程进行开设的时候，他就已经对印欧语系的多种语言有了深刻的认知。从他学生的学习笔录可以看出，他曾教授有关日耳曼语的比较语法，以及关于拉丁语和希腊语的课程。①

索绪尔对“正视法”和“回顾法”这两种比较语言学的方式进行了对比。

“正视法”是一种语言历史研究方法，它基于文献考证，根据时间的先后顺序对语言的演变过程进行说明。这种方法要求审查与对比每个历史时期的文献资料，通常需要大量各个时期的文本记录内容，这可能难以实现。所以，研究人员一般会运用“回顾法”。“回顾法”通过比较各种语言形式，对语言的历史进行新的构建。对各种语言形式进行比较的次数越多，推断的正确度就越高，所重建的语言历史也就越可信。“正视法”是从古时候向今天探索，而“回顾法”则是从今天往古时候追溯。

“回顾法”重视对语言的重建，认为重建的唯一方法是比较法，比较的唯一目的是重建。然而，一个重建形式并不是一个固定的、不可更改的整体，其各个部分均具有一定的概率去不断审查与修改。因此，重建的形式实际上是一个真实记录了人们所得出的结论的动态过程。重建不仅是为了恢复一种形式，也是为了对每次的研究结果加以综合，并从中得出一些合乎逻辑的结论。总之，重建的目的是记录研究成果。重建的语言形式可以帮助我们全面了解一种语言的总体特征与类型，并提前了解一些普遍的语言现象。可是，这些重建的形式是否具有可靠性呢？索绪尔提出，只要我们进行了充足的比较研究并从中得出结论，那么这些就有着一定的可信度。以下有三个能够让人们放心的原因。首先，我们能够明确一个词中包含多少个音素，也就是有多少个成分存在于一个序列里。其次，每种语言当中的音素数量是固定的。在早期的印欧语里，不经常用到的音素出现了 10 次左右，经常用到的音素则出现了 1 000 次左右，这些信息都经过了详细的文献考证。最后，我们不需要详细描述音素的音质，仅仅需要将它们视为不一样的实体即可。②

索绪尔对施莱歇的语言演变理论提出了修正。他提出，一种语言并不必然属于特定的语言类型，而同样的，一个语系里面的语言也不必然属于一样的语言类型。一些语言的特征能够经久不衰，而其他语言的特征则可能有着非常大的改变。例如，属于亚非语系的语言，如阿拉伯语等，长时间以来几乎都保持了各自的独特特点。以上语言不常使用复合词，派生词的构造相对较少，名词和动词的屈折

① 杨静．现代语言学流派与英语教学探究 [M]．北京：中国商业出版社，2019．

② 同①。

变化并不复杂，但它们拥有非常严格的词序规则。其中较明显的特征就是每一个词根都包含三个辅音。这些辅音对词义至关重要，而元音的交替与前缀后缀的使用则承担了人称变化的任务。与此形成鲜明对比的是，印欧语系的语言在演化过程中经历了重大的改变。早期的印欧语的特征包括简单形式的语音系统，不包含双辅音或一些较难的辅音组合；形成的复合词与派生词非常简单；名词与动词之间存在着丰富的变化；语法结构较为自由，使用表示语法关系的词汇相对较少。但是，这些特征未曾在印欧语系的所有语言中完全保留下来，一些语言已经丧失了其中的某些特点。例如，英语和爱尔兰语已经演化成为不同的语言类型。在同一语系中，某些语言变化只对其中某些语言产生影响。例如，印欧语系屈折变化的特征在慢慢变弱，但斯拉夫语却没有逐渐变弱，而英语的曲折变化基本上整体消逝。从以上的研究就可以看出，尝试用一种通用的语言类型对语言变化的进程进行分析并不妥当。

索绪尔在历史语言学领域的卓越贡献备受认可。相较于别的历史语言学家，他的观察更为细微，并且有着深入的分析。应用方法科学，同时结论也更具普适性。索绪尔为什么可以取得这些成就？这是由于他在研究特定语言的过程中，始终将人类语言的整体结构纳入考量，在研究语言历史的过程中，不忘普遍的语言理论。他既不忽视具体的语言事实，也不被狭隘的观点所束缚。索绪尔曾说，语言是一个封闭系统，因此语言理论也必须是一个同样封闭的系统。只是一个论断接着一个论断，一个观点接着一个观点，这样讨论语言是无济于事的，重要之点在于把这些论断和观点在同一系统中互相联系起来。①

（二）关于共时性和历时性

19 世纪以来，很多学者致力于研究语言学和语言的历史性。索绪尔通过研究语言的历史性，发现了不同语言之间的相似之处，提出了“历时”和“共时”这两个概念，共时语言学和历时语言学这两个不同的学科由此形成。共时语言学研究是把共存的要素联系在一起构成复杂的逻辑关系和心理关系的一种研究，又称为静态语言学。而历时语言学则着重研究一些具有明显联系的要素，研究并不处于同一个集体却存在着一定替代关系的要素，因此又称为演化语言学。学者对共时语言学和历时语言学的研究进一步促进了语言学理论的发展，为今后的研究工作打下了坚实的基础。

① 徐志民．欧美语言学简史[M]. 上海：复旦大学出版社，2013.

索绪尔提出的这两个概念既相互依赖，又相互对立。前者属于客观存在的事实，是针对语言系统的一种比较科学的抽象概念；后者关注的是语言的演变，它涉及语言变化的确切存在，这些变化是在一定时间内相继发生的事实。从研究方法来看，前者是对断代进行分析，后者是对历代进行分析；前者主要关注特定历史时期的语言情况，尤其注重语言的差异性，后者则侧重于关注当事件发生变化时语言的演变过程；前者强调语言某个特定历史阶段的特征，后者更注重语言随时间的变化发生的整体性演变。

索绪尔主张将历时研究与共时研究加以区分，这样做的目的主要是为了明确定义语言学研究的范畴。

①在语言学研究中，共时和历时问题是一个独立性的问题。语言学探究符号之间的形式关系，而这些形式关系也与时间相关。符号本身并无独立价值，其价值主要是取决于其在符号系统里面的地位，这一地位从一定程度上来说受到了和其一起存在的符号价值体系的影响。

②索绪尔对语言变化的目的论持反对意见，他主张语言变化是由一些组成元素的自发性或者是偶然性的变化引起的。这一观点同达尔文的进化论相符合。索绪尔还认为应把共时性语言学作为重点关注对象。索绪尔的理论在很多的领域中都有着实用价值，并且有着重要的历史地位与哲学深度，反映了他在语言学理论中的哲学立场。

（三）关于符号学

符号学是关于探讨符号的本质、符号的发展和变化规律、符号的多重意义，以及符号与人类各种活动之间关系的学科。它的基本原理在不同具体领域的应用，形成了不同的分支符号学。索绪尔最早提出符号学和语言学研究之间具有交叉和包容关系的观点。在他看来，系统的存在必须由符号来支撑，很多语言必须借助符号学进行研究。从某种程度上讲，符号学理论是索绪尔语言理论的一个重要组成部分。语言同样是一种表达情感的符号系统，他认为符号学重要的组成因素是语言哲学思想，通过分析语言符号的性质来进一步解释自己的看法。索绪尔的符号学研究为其他领域的科学发展做出了很重要的贡献，同时进一步促进了符号学的发展。

二、布拉格学派

（一）布拉格学派的形成

1926年，布拉格语言学会在布拉格成立。1928年，第一次语言学家国际会议在海牙召开，与会学者在会议上十分活跃，提出了好几篇音位学论文，因此，他们这个群体被称为“布拉格音位学派”。1929年的国际斯拉夫学会议上，他们提出了布拉格学派的论纲。1929—1939年，他们出版了《布拉格语言学会会刊》。1935—1953年，他们出版季刊《词与文》，刊物的副标题是布拉格语言学会机关刊物。

布拉格学派的语言学理论，既受到索绪尔很大的影响，也受到波兰著名语言学家博杜恩·德·库尔特内的影响。博杜恩早在1870年就明确地提出语言和言语区分的问题。1876年已提出应区分语言的静态和动态特征的观点，这些都与索绪尔的理论有共同之处。博杜恩的最大贡献在音位学方面。

在1881年的时候博杜恩就强调了音素与音位两者之间的差异性。音素是与语音相关的现象，音位代表了一个词中的各种语音特征的集合。他明确提出了要对人类语音学与心理语音学这两个不同领域的语音学进行对比的想法。人类语音学侧重于从生理—声学的角度对人们语言中的全部语音，也就是音素进行研究。而心理语音学则致力于分析与特定意义相关联的语音观念，也就是音位。然而，与索绪尔的观点不一样的是，博杜恩非常注重语言和社会之间的关联性，尤其侧重语言的外部、内部历史两者之间的互动。跟索绪尔相比，博杜恩更加关注语言单位的实际内容，而不仅仅是它们之间的关系。尽管他同索绪尔一样均侧重于语言的共时研究，然而，他仅是将其看成研究方法的一种，并没有把共时研究同历时研究进行对比分析。博杜恩的以上观点对布拉格学派产生了深远的影响，使得布拉格学派在对很多问题上的看法上具备了自己的特色。

1929年，布拉格学派在论纲中提出把语言视为一种功能体系，并提出在评价任何语言现象的过程中，均应该从其功能与目的的角度出发。此外，该学派对音位的研究非常看重，其中特鲁别茨依的著作《音位学原理》在西方语言学界享有盛誉，成为布拉格学派的代表作。

布拉格学派最初提出了语言联盟理论，强调邻近地区的语言可能会相互影响，导致它们在某些特征上具有一致性，而这些特征并不是全部源自语言的亲属关系。雅可布逊在《论音位的语言联盟》一文中指出，在语言学里，由于对来源问题特别感兴趣，而把对存在于相邻语言的结构中并且没有共同来源的那些现象的研究推到后面去了。其实，语音学应当考虑的不仅是各个语系，也要考虑到语言联盟。在讨论语言联盟的问题时，音位学的方法似乎成了最有效的方法之一。音位体系的一些组成成分具有极大的普遍性，远远超出了个别语言或语系的界限。①

（二）特鲁别茨柯依与《音位学原理》

布拉格学派在音位学研究方面苦心孤诣，成就极大，它的基本观点集中地体现在特鲁别茨柯依的《音位学原理》一书中。

特鲁别茨柯依的音位理论，是经过了辛勤的劳动建立起来的。他收集了大量的语言材料。在研究元音音位系统的时候，特鲁别茨柯依在1928年9月19日的一封信中写道："我把自己记得的所有的元音系统（共34个）都整理出来，试想把它们加以比较。我来维也纳后继续进行这一工作。现在，我已经有了46'号'语言，我还将逐步积累，直到收集到100种语言。"② 后来，这个数字被大大地突破了，在《音位学原理》一书中，他收集了220种语言。这么丰富的材料使他有可能在经过诚实艰巨的劳动之后，得出比较稳妥的结论，因而他的著作也就更具科学性。

《音位学原理》包括绪论、音位学、辨义论、界标论四部分。辨义论又分七章：①基本概念，②划分音位的原则，③辨义对立的逻辑划分，④辨义语音对立的音位系统，⑤辨义对立的中和类型，⑥音位的组合，⑦关于音位统计学。这部著作还差20页才完成。据估计，这20页可能包含句子的标界符号一章和一个结论。此外，他还打算扩充参考文献的注解，更细致地修订充实和压缩某些章，设立并使用一套统一的标音符号，最后在全书的开头加一个前言。但这些计划中的工作由于他的早逝而成了未竟之业。

特鲁别茨柯依的主要兴趣在历时音位学方面。他写这本书，是为历时音位学的研究所做的一个准备。他打算再写《音位学原理》第二卷，讨论历时音位学、音位地理学、语素音位学及文字与语言音位结构的关系等问题，但这一计划也由于他的早逝而未能实施。

应该指出，特鲁别茨柯依的音位理论，有许多观点是在当时布拉格语言学会的另一领导人雅可布逊的启示下形成的，特鲁别茨柯依的观点实际上也就代表了当时的雅可布逊和当时的布拉格语言学会的观点。因此，我们可以从对特鲁别

① 杜道流．西方语言学史概要[M]．北京：北京交通大学出版社，2008．
② 冯志伟．现代语言学流派[M]．西安：陕西人民出版社，1987．

茨柯依音位理论的介绍中，了解到布拉格语言学派这一重要结构主义流派的基本观点。

（三）雅可布逊及其观点

布拉格学派的另一个代表人物雅可布逊移居美国后有了音位对立是否可以并为两项对立的想法，并提出不管是何种语言的音位对立均能够使用对分法进行归并。1951 年，雅可布逊等学者在合作写作的论文《语音分析初探：区别特征及其相互关系》里面，引入了对分法理论与区别特征学说。他们提出，所有语言中的音素，不管是元音还是辅音，都能够依照生理学或者是声学的特性，归类为一个个“最小对立体”。例如，这些区别特征包括元音的舌尖高度（高或低）以及辅音的清音或浊音发音方式等。他们总结了 12 种不同的区别特征，并认为这 12 种区别特征足以用来描述世界上各种语言中的音素差异。

这 12 对区别特征是：①元音性／非元音性，②辅音性／非辅音性，③鼻音／口音，④聚集／分散，⑤突发／延续，⑥粗糙／圆润，⑦急停／非急停，⑧浊音／清音，⑨紧张／松弛，⑩钝音／锐音，⑪降音／升音，⑫升音／平音。

传统的任何多项音位对立都可以归纳为上述的二项对立。因此，区别特征理论成为音位分析的基础。

三、哥本哈根学派

哥本哈根学派继承了索绪尔关于语言作为符号系统、强调语言的形式性等观点，同时在这些基础上进行了进一步的发展，最终提出了同布拉格学派迥然不同的结构主义学派。正因此，世人把哥本哈根学派叫作语符学派来凸显其独特性。

以上学派的纲领性著作主要含有三部。

首先，我们可以提到的是叶尔姆斯列夫于 1943 年发行的《语言理论导论》。

其次，由乌尔达尔于 1957 年发行的《语符学纲要（一般理论）》。

最后，龙达尔于 1939 年发表在《语言学学报》第一卷第一期上的论文，题为《结构语言学》。

哥本哈根学派的特征为把研究重点放在纯理论方面，相较于具体的语言分析，该学派的著作明显较少。

即使哥本哈根学派的人数较少，同时侧重于纯理论性的研究，然而其在现代外国语言学的各个流派里面依旧占据关键位置。这或许是由于其理论观点同众多人文科学与精密科学的未来发展方向具有一致性。现代语言学里面非常多的理论性认知来源均是这一学派，所以说，了解它具有重要意义。

哥本哈根学派与布拉格学派都试图继承和发展索绪尔的语言理论，然而，他们侧重于两个不一样的方面，所以产生了不一样的研究成果和结论。叶尔姆斯列夫是哥本哈根学派的典型代表，他在自己独特的语言理论中弃用了索绪尔有关语言的社会性与音位的物质性理论，同时将索绪尔的观点发展到更极致的程度。他强调了语言作为符号系统的重要性，同时坚持了语言和言语的区分、语言的形式性而非实质性等观点，从而形成了一个内部一致且合理的语言理论体系。因此，叶尔姆斯列夫的语言理论可以视为对索绪尔语言理论的一种特定诠释，同时也融入了叶尔姆斯列夫独特的观点。

接下来，我们会对哥本哈根学派的语言学理论的核心观点进行阐述。

（一）建立统一的语言研究的方法论

叶尔姆斯列夫提出，传统语言学过于强调与语言外部现象的关联，忽视了对语言本身的深入研究。构成传统语言学主要内容的，是语言的历史和各种语言起源的比较，其目的与其说是了解语言的本质，不如说是了解历史时期和史前时期的社会环境和各族人民之间的接触。在这一了解的过程中，语言只不过是被当作一种工具罢了……实际上我们研究的是 disiecta membra，即语言的支离破碎的部分，它们不能把语言作为整体概括起来。我们研究的只是语言在物理学、生理学、心理学、逻辑学、社会学和历史学等方面的现象，而不是语言本身。①

要弥补这些缺陷，迫切需要的是语言学转变研究的方法，建立一个共同的方法学基础，使语言学有统一的方向。

那么，这种统一的方法论基础是什么呢？叶尔姆斯列夫认为，语言学的结构方法跟另一门学科有着紧密的联系。这门学科的形式完全不依赖于语言学，而且到目前为止，这门学科还没有引起语言学家的特别注意。这就是语言的符号逻辑理论。这是从数学推理中产生的一门学科，其创始人为怀特海、罗素和维也纳的符号逻辑学派，特别是卡尔纳普。卡尔纳普现在是芝加哥大学教授，他关于句法学和语义学的最新著作，对语言研究有着无可置疑的重要意义。②

依据符号逻辑理论，叶尔姆斯列夫认为语言学同别的历史、文学等存在不同，它应该寻找一种常数，一种普适规律，这样更加方便人们把这些规律投射到实践

① 冯志伟．现代语言学流派[M]．西安：陕西人民出版社，1987.

② 同①。

当中。不管是怎么样的变化，均一定存在一个稳定的系统或规律，而语言学的目标就是借助演绎方法将此系统进行构建，构建的系统需要具备可以预测语言单位各种可能的组合方式的功能。所以，语言学必然追求更高的境界，而非仅仅停留在描写性的科学。

传统语言学中的归纳法仅有助于寻找语言之间的差异性，却不可以让人们发掘他们所期望得出的普适规律，因此无法构建真正的语言理论。真正的语言理论应当基于演绎推理。

叶尔姆斯列夫表示，研究语言的特殊结构，对言语中的例外情况和变态形式不应赋予特别的意义，语言学理论应当寻求经常性的、跟任何非语言的“现实”无关的东西。当这种经常性的东西被找到并得到描写之后，就可以把它投影到“非语言的现实”中去。①

叶尔姆斯列夫的目标是构建一种极其抽象的语言理论，适用于描述任何已知，甚至不存在的语言，包括那些人们从未遇到过并且可能永远不会遇到的语言。

（二）语言符号是由内容形式和表达形式构成的单位

叶尔姆斯列夫认为语言的构成基础是关系而不是实体，强调了语言中的内部和外部关系，并指出其中的三种关系。

①相互依存关系指的是双方相互依赖，A 依赖于 B，同时 B 也依赖于 A。

②决定关系是单向的，其中一个元素起主导作用，而另一个则受其支配，而非反之。

③并存关系则表示多个元素并列存在，彼此之间相对独立，互不依赖。

以上三种关系在过程与系统里面的时候，其名称具有差异性。

①项目与项目间的相系依存关系在过程里面被称为协同关系，而在系统里面被称为互补关系。

②项目与项目间的决定关系在过程里面被称为选择关系，而在系统里面被称为说明关系。

③项目与项目间的并存关系在过程里面被称为联合关系，而在系统里面被称为自主关系。

叶尔姆斯列夫将上述各种关系都归纳为“功能”，将承担功能的项目称为“功能项”。系统里面的功能项间形成的功能被称为“排斥”，而在过程里面的功能项间形成的功能则被称为“同在”。

---

① 冯志伟．现代语言学流派[M]．西安：陕西人民出版社，1987.

叶尔姆斯列夫理论的关键思想是将内容平面与表达平面这两者进行了区分，并把它们各自细分成两个部分：实体与形式，也就是内容实体、内容形式、表达实体及表达形式。值得注意的是，在语言符号的构成当中，内容实体与表达实体不直接联系，仅仅是内容形式与表达形式发挥作用。所以说，是内容形式与表达形式组成了语言符号。

从音位学的视角进行分析，表达实体指的是在现实里面客观性存在的各种语音，但它们本身无法成为语言符号的一部分。相反，表达形式是关于在特定语言中组织和使用这些语音的方式，语言的内部关系会对其具有一定制约作用，可以构成语言符号的一部分。以清辅音为例，不送气清辅音和送气清辅音是客观存在的表达实体，这些不同发音方式，在汉语中会因为受语言的结构的影响形成不一样的音位，然而在英语或俄语里面，这种区别一般情况下并不会导致音位的差异。所以说，它们能够成为汉语符号中的一部分，却不可以成为英语及俄语符号中的一部分。

在传统语言学中，俄语中的 pyka 一词代表了“手”。叶尔姆斯列夫提出了一个独特的观点，他认为“手”本身只是现实世界中的一种事物，是一种内容实体，它并不直接成为语言符号的一部分。这是由于不一样的语言对这些实体的“切割”方式具有差异性。例如，在英语中，hand 表示手掌，而 arm 表示手臂，这是不同的“切割”方式。但是在俄语里面，并没有任何特定的“切割”。进入语言符号的只能是不同语言“切割”客观现实的方式，这就是“内容形式”。内容形式才能进入符号。

由于语言的差异性，各种语言对客观现实的“切割”方式也存在差异，所以它们的内容形式也会存在差异。

叶尔姆斯列夫还对“常体”和“变体”两者的定义进行了解释。表达（或内容）平面上的差别在内容（或表达）平面上引起相应差别的单位叫常体；表达（或内容）平面上的差别在内容（或表达）平面上不引起相应差别，依附于常体的个体，叫变体。由此，叶尔姆斯列夫提出了“接换原则”。如果表达平面上的差别引起内容平面上的差别，或者内容平面上的差别引起表达平面上的差别，这种对应关系称为“接换”；如果表面平面上的差别不引起内容平面上的差别，则叫作“替换”。明显的，与接换相呼应的就是常体，而与替换相呼应的就是变体。在叶尔姆斯列夫的理论中，借助接换试验来明确在一个语言里面存在几个常体，因此，接换原则是这一理论中最关键的原则之一。

（三）所有的科学都聚焦在语言学的周围

叶尔姆斯利夫把实体排除在语言之外，这样一来，在语言中就只剩下内容形式和表达形式所构成的种种关系了。这种语言学具有代数的性质，又没有跟实体对应的标志。因此，它就可以跟其他类似的形式结构等同起来。

因此，哥本哈根学派就有必要创立作为科学的一般理论的语言学，他们把它叫作“语符学”。

乌尔达尔的《语符学纲要》完成了这个任务。他所制定的语符学，既是语言理论，又是符号学，又是科学的一般理论。乌尔达尔在《语符学纲要》中表示，这里所阐述的语符学是包罗万象的，也就是说，它的运用不受材料的限制，因此，在它的性质和阐述中，没有任何语言学甚至人文科学所特有的东西。显然，按照创建的意图来看，它是对语言学以及其他人文科学材料进行描写的基础。①

乌尔达尔想把一切物质都抛弃在外，纯粹从功能的角度来研究一切科学，试图用语符学来统一所有的科学，这显然是难以形通的。因此，不少语言学家都批评哥本哈根学派的做法，认为他们的理论是凌驾于语言之上的，不是从语言前提出发的。每当用哥本哈根学派的理论原则来进行具体的语言分析时，就会显得漏洞百出。所以，要从纯语言学的角度对哥本哈根学派进行批评是较困难的。

四、美国描写语言学

在墨西哥以北的美洲的印第安原住民中，人们使用了上千种不同的语言，这些语言在结构上与印欧语迥然不同，难以用传统语言学的方法加以描述。为了调查这些语言，美国的人类学家和语言学家们做了不少工作。在调查研究印第安语的长期工作实践中，有学者提出了一种新的语言分析方法，创立了一个新的结构主义流派——美国描写语言学。该学派代表人物有博厄斯、萨丕尔和布龙菲尔德。

（一）博厄斯和萨丕尔的理论

作为北美人类学专家，博厄斯调查了墨西哥以北众多美洲印第安原住民语，最后形成了《美洲印第安语言手册》。这本书有很多章节都是由博厄斯亲自撰写的，他还在书的前言中对语言描写研究的方法进行了总结。

博厄斯还训练了一批人去调查其他语言。在语言学的研究方面，博厄斯没有受过任何正规训练，他自学成才，最终成为一个语言学家。欧洲语言学家强调语

① 李军华．语言与语言学理论专题十二讲 [M]．湘潭：湘潭大学出版社，2016．

言具有普遍性，但是博厄斯不这样认为，他认为世界上根本就不存在什么最理想的语言形式，因为人类的语言是无穷无尽、千差万别的，尽管一些原始部落的语言结构似乎非常不合理，但这种判断没有丝毫事实依据，因为对于原始部落成员来说，印欧语同样不合理。

博厄斯非常强烈地反对这种认为语言是种族之灵魂的观点。他认为，种族的进化和文化的发展与语言形式之间实际上没有必然的联系。历史的原因导致原来是同一种族的人开始使用不同的语言，同一种语言又可以被不同种族的人使用，同一语系的语言使用者也可以有各自的文化。因此，语言只是在结构方面有差别，而没有合理与否、是否发达的差别。①

在《美洲印第安语言手册》的前言中，博厄斯论述了描写语言学的框架，这种描写主义包括了三个方面：语言的语音、语言表达的语义范畴、表达语义的语法组合过程。他注意到，每一种语言都有自己的语音系统与语法系统。对于要研究的语言来说，语言学家最重要的任务就是要概括语言的特殊语法结构，并分析语言的特殊语法范畴。

因此，博厄斯没有采取跟英语或者拉丁语等语言进行比较的方法，而是用分析法来处理美洲印第安语的数据。很显然，博厄斯是从人类学的观点出发，把语言学看作是人类学的一部分，并没有把语言学确立为一门独立的学科。但是在他的基本理论中，那种观察与描写语言的方法为美国描写语言学铺平了道路，而且对好几代语言学家产生了影响。

与博厄斯一样，萨丕尔也是一位杰出的人类语言学家。在和博厄斯见面之前，萨丕尔正在攻读日耳曼语硕士学位，自信能够非常好地理解语言的本质。但当他遇到博厄斯之后才发觉，自己似乎仍有很多东西需要学习。于是，他按照博厄斯的方法，通过与具有自身文化背景的当地人进行沟通，开始调查美国印第安语。对于萨丕尔来说，这是一段完全脱离了传统做法的全新经历。

《语言论：言语研究导论》是萨丕尔的全部心血。他从人类学的观点出发描写语言的本质及发展。这本书的主要宗旨是，给语言学提供一个适当的研究视角，而非收集语言事实。它很少涉及言语的心理基础，对那些特殊的语言也仅仅给出充分的现实描写或历史事实来说明原则。其主要目的在于，说明作者是怎么看待语言的，语言因时因地的变异有哪些，它与人类所关心的其他问题——思维问题、历史过程的本质、种族、文化、艺术之间是什么关系。在这本书中，他把语言定

① 杨静．现代语言学流派与英语教学探究[M]．北京：中国商业出版社，2019．

义为纯粹属于人的、非本能的、自觉制造出来的符号系统，是交流思想、情绪和欲望的一种方法。他还把语言和行走相比较，说走路是人先天的、生物的一种能力，是一种普通的人类活动，个人与个人之间的差别是非常有限的，而且这种差别是不自主的和无目的的。萨丕尔的《语言论：言语研究导论》涉及的问题非常广泛，如语言成分、语言形式、语法过程、语法概念等内容。①

萨丕尔在讨论语言和意义之间的关系时，认为语言和意义的结合是可能的，但非必然存在。它们之间的关系尽管非常密切，但不能看成一回事。因为语言是手段，思维是产品；没有语言，思维是不可能存在的。

（二）布龙菲尔德的理论

布龙菲尔德是美国描写语言学的主要代表，在美国语言学历史上是一位标志性的人物，而且 1933—1950 年期间还被称作“布龙菲尔德世纪”。与此同时，美国描写语言学正式形成并发展到了顶峰。

20 世纪，布龙菲尔德的《语言论》被大西洋两岸同时奉为科学的方法论之典范和语言学领域最杰出的著作。

布龙菲尔德认为，语言学是心理学的一个分支，是心理学中有实证特征的行为主义的一个分支。那什么是行为主义呢？行为主义是一种科学研究的方法，以认为人类无法认识他们所未经历过的事情为理论基础。在语言学中，行为主义认为，儿童是通过一系列“刺激—反应—强化”的过程来学习语言的，但是成年人使用语言是一个“刺激—反应”的过程。通过布龙菲尔德的著作，行为主义的方法论进入语言学之后，语言学研究采用的普遍做法是，接受和理解一个本族语言者用自己的语言说出语言事实，而不是关心他们对自己的语言的看法。这是因为，想要得到可靠的语言描写，我们必须观察说话者自然陈述出来的语言，而不是通过询问问题而得到语言描写。

布龙菲尔德还论述了语言学在语言教学方面的应用，与此同时批判了传统语法。他指出，18、19 世纪的语法学家大部分都在为英语制定各种规则，自认为英语应该如何如何，但是实际上，真正的英语包括所有的变体。

布龙菲尔德还指出，传统语法学大部分都是规定性的，在语言教学中，我们首先应该把发音放在首位，而不是过多地关注文字形式。他认为，学习一门语言需要不间断地练习并在情境中不断反复，而不只是教学习者学习语法理论。传统的方法

① 杨静．现代语言学流派与英语教学探究[M]．北京：中国商业出版社，2019．

不仅会给学生造成困惑，最重要的是这不符合经济原则，也不能帮助到学习者。[①]

（三）后布龙菲尔德时期语言学

哈里斯、霍凯特、特雷格、史密斯、希尔及霍尔等美国语言学家在布龙菲尔德的《语言论》的影响下进一步发展了结构主义。20世纪50年代，随着电子计算机的出现，一些语言学家开始意识到普通语言学研究的正确目标是发明一套明确的“发现程序”，通过计算机去处理各种语言的原始数据，重点是要在没有语言学家干预的前提下形成一套完整的语法体系。所以，在后布龙菲尔德时期，人们是通过对所有数据进行一系列恰当的操作而发现语法的。我们必须从作为音位的语音流入手进行语音分析，因为语料数据库是由言语组成的。不同类型的结构是由音位构成的，所以音位可以被视为最小的单位进行重复地排列，或者将它们归为同一语素的成员。在发现语言中的语素的基础之上，找出语素的组合方式从而写出语法成为语言学家的任务。后布龙菲尔德时期，语言学家对研究话语层面产生了浓厚的兴趣，旨在开发出描写句子层面以上结构的发现程序。

被普遍看作标志着美国结构主义达到成熟期的著作是哈里斯的《结构语言学的方法》。在这部著作中，针对语言学研究中的发现程序，哈里斯提出了最为完整和最为生动的表述，并指出其主要的特点就是精确的分析手段和高度的形式化。

以分布关系的逻辑作为结构分析的基础，哈里斯建立了一整套严格的描写语言的技术体系，但是他也因此而受到批评。有的语言学家指出，哈里斯的理论是循环的：单位来自分布，但是分布又会依赖环境，环境又是由单位组成的。还有语言学家在对待意义的态度方面对哈里斯进行了批评，认为哈里斯一直在试图完全排斥意义。可是他实际上是很重视意义的。无论他受到怎样的批评，我们仍无法否认作为可能描写手段之一的哈里斯的方法仍具有重要意义。

霍凯特是一个语言学家，也是一个人类学家，他在音位、语素还有语法分析、普通语言学等方面都有着卓越的贡献，还极力捍卫结构主义的观点，并且，他对转换语法中很多表面上看来无可争议的基础假设提出了质疑。

霍凯特的《现代语言学教程》是一部非常著名的教科书，这本书中有很多20世纪30年代起结构主义范式的研究成果。在前言中，霍凯特说这本书是写给大学语言学专业的教科书。虽然霍凯特没有追随任何语言学“流派”，可是有证据表明他的书中几乎每一页都受到了美国语言学的影响，特别是受到了布龙菲尔德的影响。

① 杨静．现代语言学流派与英语教学探究[M]．北京：中国商业出版社，2019.

派克是在霍凯特之后结构主义传统中最为杰出的人物之一。在语言学分析的手法——法位学方面，派克和他的后继者声誉卓著。

派克认为，任何一种语言都有自己独立的不依赖于意义的等级系统。不仅语言方面存在着等级系统，世界上的一切事物都是有等级系统的，它们可能是从小到大，从下到上，从简单到复杂，从部分到整体被分成若干不同的等级的。音位、语法和指称是语言中三种互相关联的等级系统，这三种等级系统中的每一个层面都有四个具有以下特征的语言单位，即轨位、类别、角色和接应。这些基本单位可以称为语法单位，简称为法位。通常情况下，轨位规定某个法位在它所在的结构中占据的是核心地位还是外围地位。主语轨位、谓语轨位、宾语轨位以及附加语轨位统称为轨位。类别用来区别在这个轨位上的语言实体具体是什么，如词缀、名词、名词短语、动词词根等。角色表示这个法位在结构中的功能，如动作者、受事者、受益者、协同者、方位、时间等。接应则表明该法位是支配其他法位还是受其他法位支配。①

总之，结构主义的出发点是语法范畴应该依据分布来定义，而不是通过意义。任何语言的结构描写都不该考虑时态、语气、词类等范畴，因为这些范畴并不一定有普遍性。

第一，结构主义语法描写语言中的所有现象，而不是制定规则。但其目标也因此被限定于描写语言，不能解释语言运行的方式背后的道理。

第二，结构主义语法是经验性的，追求客观，即所有的定义和表述都应该能被证实或者证伪，但没有写出与任何综合传统语法相提并论的完整语法。

第三，结构主义语法找出并公正地对待每一种语言的特性，还考察所有的语言，却不能正确地处理意义。

第四，结构主义语法描写的是语言结构和语言使用后的最小的对立，而不仅是描写某个特定用法中能发现的那些对立。

五、叶斯柏森的语言理论

在丹麦，除了哥本哈根学派之外，还有一位有世界性影响的语言学家——叶斯柏森，他的语言研究远不像哥本哈根学派那样抽象，他十分重视具体语言的个性，重视基于历史发展的具体语言的横断面的描写，建立了与哥本哈根学派迥然不同的语言理论。

---

① 杨静．现代语言学流派与英语教学探究[M]．北京：中国商业出版社，2019.

叶斯柏森语言理论的要点如下。

（一）语言的本质是人类的活动，口语是语言的第一性的形式

叶斯柏森在《语法哲学》中指出，语言的本质是人类的活动，是一个人旨在把他的思想传达给另一个人的活动，也是后者旨在理解前者的思想的活动。从这样的观点出发，他十分重视交际的双方，重视交际中的活的言语。他认为，说出来的和听到的词是语言的第一性的形式，比通过书写（印刷）和朗读表现出来的第二性的形式重要得多。①

（二）语言的历史是进化的，提出“语言进化论”

19 世纪的历史比较语言学家虽然在印欧语的历史比较研究中取得了巨大的成就，但是人们普遍认为现代印欧语是退化了的语言。叶斯柏森以大无畏的反潮流的精神，对前辈语言学权威的这些观点进行了批驳，提出了“语言进化论”。他指出，历史比较语言学家，如葆朴那些人，所主张的、以语法形态变化的简化为语言衰败的象征的旧观念，是完全错误的。形态的简化是一种进步，在梵文中，一个形容词有三个性、三个数、八个格，一共有七十二种形式，而英语只有一种形式。这种现象正是语言进化的表现。他还赞扬被施来赫尔斥为处于原始状态的汉语是进步的语言。②叶斯柏森的“语言进化论”受到了英国人的欢迎，因而他在 1905 年得到了英国皇家科学院授予的通讯院士的荣誉头衔。叶斯柏森关于语言进化的观点，现在已经得到了语言学界的普遍承认。

（三）历时语言学和描写语言学应当结合起来

叶斯柏森把语言现象的研究划分为“历史的语言学”和“描写的语言学”两种，这与索绪尔把语言研究划分为“历时语言学”和“共时语言学”比起来，只是术语的不同，实质是非常接近的。但是，索绪尔拒绝在任何研究共时语言学的情况下运用历时的事实进行问题解释。叶斯柏森与索绪尔不同，他主张应该重视“历史的语言学”和“描写的语言学”之间的联系。他认为语言现象可以从两个观点出发来研究：描写的观点和历史的观点。它们对应物理学中的静力学和动力学（或运动学）。区别在于，前者把现象看作静止的，而后者把现象看作运动的。他主张历史语言学应该注意描写。③

---

① 徐春英．现代外语教学法：理论基础与流派演进 [M]. 北京：九州出版社，2010.

② 冯志伟．现代语言学流派 [M]. 西安：陕西人民出版社，1987.

③ 同②。

（四）应该冲破传统逻辑的束缚，从语言本身及其交际功能出发研究语法

传统语法一直是传统逻辑的附庸，叶斯柏森反对把语法范畴看成逻辑范畴，认为逻辑的基础并不像现实语言的句法的全部领域那么广阔，他主张从语言本身和交际功能角度来研究语法。他把句子定义为“人类的相对完整和独立的表达”，抛弃了从逻辑出发的旧概念，建立了从交际功能出发的新概念。他说“词是语言的单位”，反对把词看成语音单位或表意单位，有意识地要同从心理学或逻辑学出发的定义划清界限。叶斯柏森不承认“普遍语法”的存在，但是他认为存在一种处于语言外部的、不依赖于各种现存语言的、多少有些偶然的事实的范畴。他认为这些范畴普遍到能适用于各种语言，尽管它们在这些语言中很少以清晰无误的形式表现出来。其中有一些范畴与诸如性别这样的外部世界的事实有关，而另一些则与智力活动或逻辑有关。他把这些范畴称为“概念范畴”。他认为，语法学家的任务是在每一个具体的场合弄清楚存在于概念范畴和句法范畴之间的关系。在这个基础上，叶斯柏森提出了交际过程的模式（图 1-3-1）。①

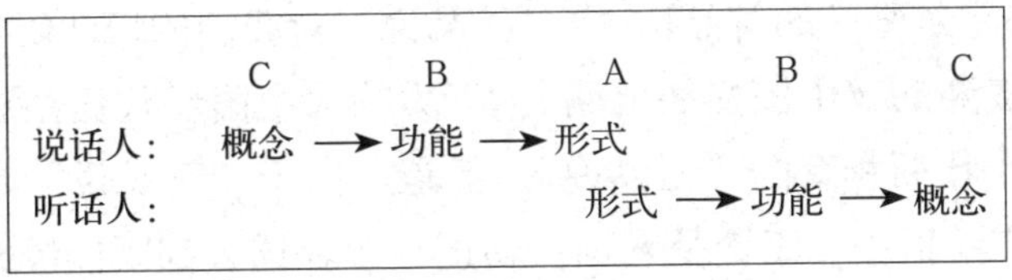

图 1-3-1　交际过程的模式

（五）建立了“连接”和“系联”相结合的语法描述体系

叶斯柏森把词组或句子中词和词的结合分为两种类型：一种叫作“连接”，另一种叫作“系联”。“连接”是一种限制或修饰关系，它表示的是一个单一的概念，如“红蔷薇”“狂吠”。“连接”相当于偏正结构。

“系联”是一种主谓关系，它连接两个互相独立的概念，如，“蔷薇红”“狗吠”。“系联”相当于主谓结构。独立的系联就是一个句子，系联也可以做句子的成分。把“连接”和“系联”结合起来，就可以完全地描述词组和句子中词与词之间的关系，建立起完整的语法描述体系。

① 冯志伟．现代语言学流派[M]．西安：陕西人民出版社，1987．

（六）针对英语语法的特点，提出了“三品说”

在古典拉丁语的语法中，由于拉丁语形态丰富，所以形态学非常发达，而句法学却相对薄弱；现代英语的形态已经大大简化，许多词已经没有形态变化，用古典拉丁语的语法模式来分析现代英语，往往是削足适履。

叶斯柏森根据现代英语的实际，提出了“三品说”。他认为，在“狂吠着的狗”“特别热的天”等结构中，“狗”和“天”具有主要的意思，因此称之为“首品”；“吠”和“热”是限制首品的，因此称之为“次品”；“狂”和“特别”是限制次品的，因此称之为“末品”。末品虽然还可以被别的词限制，限制末品的词也还可以被再限制，但是，它们都可以看成末品。以上举的都是“连接”中的例子。叶斯柏森认为，“三品说”既可以用于“连接”的结构，也可以用于“系联”的结构。例如，在“狗狂吠”这一系联结构中，“狗”是首品，“吠”是次品，“狂”是末品。一个句子的主语永远是首品，但是，首品词不一定都是主语，宾语也能是首品。每个句子里总有些相对流动的成分（次品词），另外还有些好像从海里冒出来的礁石似的稳稳地固定住的成分（首品词）。主语永远是句子里的首品词，但不一定是唯一的首品词。[①]“三品说”对我国的语法研究曾经产生过很大的影响，吕叔湘的《中国文法要略》、王力的《中国现代语法》和《中国语法理论》都采用了叶斯柏森的“三品说”。但是，由于“三品说”是针对英语的特点提出来的，在汉语中，不论是名词、动词、形容词，都既能够充当首品，也能够充当次品和末品，汉语的词类与“三品说”中的“品”的对应关系是错综复杂的，因而针对英语语法提出的“三品说”实际上解决不了太多汉语语法研究方面的问题。

（七）研究语言的声音和意义的关系，探讨语音的“象征作用”

叶斯柏森重视对语言的音义关系的研究，在《语言论：它的本质、发展和起源》一书中，专门辟出了一章来论述语音的“象征作用”。他追溯历史，指出希腊的柏拉图的《克拉底洛篇》首次研究了音义关系，后来德国的洪堡德也谈到了语音的象征作用。洪堡德曾经举例，德语的 stehen（站立）、stactig（可能是 stetig“持久的、稳定的”的前身）、starr（僵硬的、固定的），这些在语音上有某种共同点（以“st-”开头）的词，都给人以牢固、稳定的印象；而 wehen（吹）、wind（风）、wolke（云）、wirren（混乱）、wunsch（希望）等以“w-”开头的词，

① 冯志伟．现代语言学流派[M]．西安：陕西人民出版社，1987．

都有不稳定、摇摆、混乱的意思。因此，叶斯柏森认为，产生相似印象的客体用基本相同的声音指示。但是，这不是一个普遍的法则，无论是在外族语言还是本族语言中，都不难找到反证。叶斯柏森指出，在英语、拉丁语、匈牙利语、希腊语、德语、丹麦语中，许多带元音 /i/ 的词都有弱小、精致、不重要的意思，如英语的 little（小的、少的）、piccolo（短笛）、wee（极小的）、tiny（微小的）等词。叶斯柏森也举出反例，他指出，就在英语的常用词中，带元音 /i/ 的 big 却表示"大的"的意思，而表示"小的"的意思的单词 small 却不带元音 /i/，表示"粗的、厚的"意思的 thick 却带有元音 /i/。尽管如此，叶斯柏森的用意也是提醒人们要充分估计语音象征作用的广泛性。他详尽地列举了各种各样的能表示出语音象征作用的词，这些词基本上可归纳为三种情况。①

①模拟外界声音而且主要起描绘声音形象作用的狭义的拟声词，如英语的 clink（金属的敲击声）、bow-bow（狗吠声）。

②源于拟声但其作用并非描绘声音而是指称什么东西的词，如英语的 cuckoo（布谷鸟）、pewit（红嘴鸥）。

③因声音而引起某种心理联想的词，如德语中一些以"st-"开头的词有稳定的意思，以"w-"开头的词有摇摆的意思；在英语中，不少带元音 /i/ 的词表示光亮，不少带元音 /u/ 的词表示昏暗。

叶斯柏森对语音象征作用的研究，揭示了语言符号除了具有索绪尔所指出的任意性之外，还具有一定程度的可论证性。这说明，语言符号的任意性不是完全绝对的，而语言符号的可论证性也不是绝对的。叶斯柏森的研究，对我们深入了解语言符号的性质具有积极的意义，启发我们进一步思考这个问题。

（八）研究多语交际问题，提出"语际语言学"

叶斯柏森认为，为了消除说不同语言的人们之间的语言障碍，应该研究多语交际问题。1931 年在根特召开的第二届语际语言学家大会上，叶斯柏森将语际语言学作为一门新的学科引入语言学，并把语际语言学定义为语言科学的一个分支，研究所有语言的结构和基本组成原则，以便建立语际语的标准；语际语是指由于母语的不同而产生理解障碍的人们之间口头或书面交际的辅助语言。以上是语际语言学的经典定义。叶斯柏森于 1928 年发表了人工语言诺维阿尔，并于 1930 年出版了诺维阿尔语的词典。

① 冯志伟．现代语言学流派[M]．西安：陕西人民出版社，1987．

当然，叶斯柏森的语言理论也有不足之处。例如，在语言起源的问题上，他仅仅从梵语和古希腊语使用乐调重音就轻率地得出语言声源于唱歌的结论，缺少说服力。

美国语言学家拉波夫，在评论21世纪的三位重要语言学家时说过，索绪尔被认为是21世纪影响最大的语言学家，梅耶是历史语言学最杰出的语言学家之一，叶斯柏森是著作在当代被最用心地阅读、最注意地引用的语言学家。①

六、法兰西学派

在历史比较语言学研究中崛起的“青年语法学派”出现于19世纪70年代。青年语法学派认为，语言存在于个人心理之中，而心灵的交际必须借助于生理器官发出的物质的声音才能实现，所以，语言是个人的生理、心理现象。他们提出，只有个人的语言才真正存在，有多少个人就有多少种语言，语言的一切变化都是在个人的言语活动中完成的。在个人心理主义语言观的指导下，青年语法学派很少考虑社会对语言的制约和影响。以索绪尔为代表的语言学派是社会心理学派，社会心理学派提出了语言是社会心理现象的论点来克服青年语法学派的片面性。索绪尔去世后，这个学派分为两支：一支是“日内瓦学派”，他们偏重语言的静态研究，以索绪尔为奠基者，主要成员有巴利、薛施蔼；另一支是“法兰西学派”，他们把社会心理的要素跟历史比较语言学的原则结合起来，主要成员有梅耶、房德里耶斯。

法兰西学派虽然力图克服青年语法学派的个人心理主义的片面性，承认语言是社会现象，但是，由于“社会心理”也是一种“心理”，他们也是用心理去解释语言的，而且在实际研究中以语言的历史作为研究对象，所以，法兰西学派在许多方面与青年语法学派的理论有密切的联系。

在以下内容中，我们主要介绍法兰西学派的主要代表人物梅耶和房德里耶斯的语言学理论。

（一）梅耶的历史比较语言学理论

1. 对语音对应规律性的认识

梅耶认为，历史比较法的客观基础是语言符号音义结合的任意性和亲属语言

① 马波，齐瑞霞，张悦．语言学基本理论与研究[M]．济南：山东人民出版社，2013．

之间的语音对应的规律性。如果以任意性为基础的语言符号之间表现出有规律的语音对应关系，那么，就可以肯定这种有规律的语音对应关系绝不是偶然的，而是同源成分分化的结果。梅耶指出，语音对应和语音相似是两回事，不应该把它们混为一谈。例如，阿尔明尼亚语的erku（二）和梵语的d（u）va（二）、拉丁语的duo（二），在语音形式上虽然有很大的差异，但是相互之间却有着严格的对应关系：阿尔明尼亚语中其他一些以“erk-”起头的词也同欧洲一些语言中的“dw-”相对应。例如“怕”的词根在阿尔明尼亚语中是“erki-”，在希腊语中是“dwi-”，其中的“erk-”对应“dw-”；“长久”在阿尔明尼亚语中是erkar，在希腊语中是dwaron，其中的“erk-”也对应“dw-”。因此，“二”的例子可以用来证明语言的同源关系。①

语音对应关系既然是语言同源关系的证明，历史比较语言学家们就试图根据语音对应关系去构拟原始共同语。19世纪70年代，共同语的构拟是历史比较语言学的研究重点之一。当时的大语言学家施来赫尔曾经用他构拟的原始印欧语写了一篇寓言《山羊和马》，他认为这样构拟出来的语言就是原始印欧人所讲的语言。

2. 形态的重要性

梅耶认为，必须在所比较的语言中，尽量找出古代原始共同语的那些被保存下来的特性，才能确定古代原始共同语的存在。应该从形态、语音、词汇三个方面的比较研究中寻找这些特性。梅耶声称，比较方法是建立语言史的唯一方法。②

梅耶特别强调形态，认为形态是用来变化词、组合词以构成句子的全部规则，是语言中最稳固的方面，他认为一种形态繁杂的语言，包含着很多特殊的事实，如最近发现的土火罗语或赫梯语，只要略加考释就可以看出它的印欧语的特性。③

由于特别强调形态，梅耶对汉藏语系的历史比较研究不够乐观。他认为远东的那些语言，如汉语和越南语，就差不多没有一点形态上的特点，所以语言学家想从形态的特点上找出一些与汉语或越南语的各种土语有亲属关系的语言，就无所凭借，而想根据汉语、西藏语等后代语言构拟出一种共同语，是要遇到一些几乎无法克服的阻力的。梅耶预料到的这些“无法克服的阻力”，后来已经被在汉藏语系研究中提出的“内部构拟法”一一克服了。梅耶当时的看法是有偏颇之

① 冯志伟．现代语言学流派[M]．西安：陕西人民出版社，1987．

② 同①。

③ 同①。

处的，这是由历史的局限和他本人的语言知识背景决定的，他不懂汉藏语系的语言，得出这种偏颇的结论也是不足为怪的，我们不能苛求于前人。大量的研究事实表明，比较方法并不是建立语言史的唯一方法，语言历史的建立还存在着其他途径。

关于语音，亲属语言的语音系统的差别可以很大，但它们之间存在着有规则的对应，语言学家可以根据这种对应建立原始共同语。这样，就有可能把一个古代的系统和新的系统互相对照。梅耶指出，从语言的纵向发展中找出语音发展的规律，可以为亲属语言之间的横向对应关系提供音理上的解释。

梅耶是这样来解释的：首先，从原始印欧语到阿尔明尼亚语经历了一次重要的音变，浊塞音“d”、“g”分别变成清塞音“t”、“k”，于是有“dw-”→“tw-”，这与格里木定律是一致的。其次，“w”前的舌尖塞音“t”由于受到具有舌根作用的“w”的影响而变为“k”，于是有“tw-”→“k-”，如希腊语的 twe（你的）与阿尔明尼亚语的 ko（你的）对应。阿尔明尼亚语的 erku 中的“r”是词中的“k”在古代的一个浊辅音的痕迹，因为如果是清音，发音时声带不颤动，前面就不可能增生一个浊音“r”。最后，可能是由于这个“r”处于音节的开头，而后面又紧跟着一个辅音“k”不好发音，因而就在“r”前加一个“e”而成为“erk-”。此外，“e”的出现还可以从 erku（二）中的尾音“u”得到进一步的证明。从原始印欧语到阿尔明尼亚语，双音节词中的第二个音节的元音都已脱落，erku 中的“u”之所以能够保存下来，是因为当双音节的第二个音节的元音脱落时，这个词还不是双音节的词。这就是说，erku 中的“e”是后来增生的，不是原始印欧语固有的。上述语音对应关系得到音理上的这种合理解释之后，就具有了强大的说服力和解释力，使我们能够在纷乱庞杂的语音中理出音变的规律，为同源关系的确定找出科学的根据。

3. 谱系树与波浪说的结合

梅耶把谱系树理论与波浪说理论结合起来，把历史比较语言学和方言地理学结合起来，从对立中看到这些理论的内在联系，并把它们纳入历史比较研究的框架，把历史比较语言学的研究推进了一大步。

在历时语言学中，存在着两种对立的理论，一种是施来赫尔提出的谱系树理论，另一种是施密特提出的波浪论。这两种理论曾经进行了激烈的争论。梅耶避开争论，从每一个学派的理论中吸取其合理的因素并加以提炼，把它们融合为一体，借以改进历史比较法。

谱系树理论认为，语言是不断分化的，他们假定曾经存在一种原始共同语，这种原始共同语经过一次突然的变故，分化为几种不同的语言，而这些语言又进一步分化，直到形成了现在世界上存在的各种各样的语言。历史比较法正是建立在这种谱系树理论基础上的一种方法。显而易见，谱系树理论把复杂的语言现象简单化了。波浪论对谱系树理论提出挑战。波浪论认为，在分化以前的原始共同语内部，就存在着方言的分歧，这些方言的特点会像波浪一样地向四面扩散，使不同的语言具有某些相同的特点；分化以后的语言也不是在真空中发展的，它们相互之间也会产生影响。波浪论提出之后，就一直与历史比较法处于尖锐的对立之中，人们一直把它们看成水火不相容的两种理论。

原始共同语不一定是一个内部一致的系统，可能有方言的差别。究竟是否有方言的差别，可以通过现代语言之间的差异类型来判断。如果一种语言现象在现代语言中的差异表现为一系列渐变的阶梯，那这很可能是一种统一的原始共同语在地域上分化的结果。现代罗曼语系的各种语言（如法语、意大利语、西班牙语、葡萄牙语、罗马尼亚语），它们与拉丁语的关系大体上就属于这种类型。如果某些现代语言的特征在地域上的分布呈现出断裂的、矛盾的、参差的特点，那就说明它们的原始共同语有方言的差别。例如，根据表示“百”的意思的词的词头辅音的发音，印欧系语言可以分为东西两群：东群读“咝”音，西群读舌根音。日耳曼语与希腊语、拉丁语一样，属于西群，如英语的 hundred，德语的 Hundert 词头的辅音“h”为舌根音。但是，如果根据“o”与“a”的分合情况来判断日耳曼语的所属关系，则阿尔明尼亚语、希腊语、拉丁语的“o”与“a”从分，属于西群；印度—伊朗语的“o”与“a”从合，属于东群；日耳曼语的“o”与“a”从合，当然也应该属于东群。这样，日耳曼语按“百”的词头辅音的区别划分应该属于西群，而按“o”与“a”的分合情况的区别划分应该属于东群，因此，日耳曼语在语言特征的分布上处于一种矛盾的地位，这就说明了原始印欧语内部存在着方言分歧。梅耶接受了波浪说的合理内容，克服了以往的一些简单化倾向，为历史比较法作出了贡献。

梅耶分析了语言间的相互影响。他认为，有威望的书面语对地方土语会产生重要的影响。例如，他认为，因为法语和土语是同一语族的，所以它们固有的词汇之间有许多有规则的对应，使用地方土语的人按照这些对应，不难用一些法语词造一些土语化的词，或者把一些法语的句法搬到土语里去。他还提出了混合语的概念，讨论了语言融合问题。被征服而消亡的语言会在胜利者的语言中留下一些语言特征，这些语言特征叫作“底层”。根据“底层”可以解释方言的差别。

梅耶把彼此对立的东西结合起来研究，如谱系树与波浪论、“语音规律无例外”的口号与“每一个词都有自己的历史”的口号，看来是互相对立的两种东西，梅耶却能够从对立中看到它们内在的联系，并把它们纳入历史比较语言学的框架。这足以证明梅耶确实是一位具有敏锐观察力的卓越学者。①

梅耶探讨了语言历时演变中的普遍现象。他认为，不管人们生活在什么地方，他们的发音器官在生理上是大同小异的，因此，不同的民族可以有类似的发音习惯，使语音按照同样的原则发生变化。例如，前高元音 /i//y//e/ 之前的舌根辅音容易发生腭化，非重读音节的元音趋向于央化或高化。另外，在形态和句法方面也有些普遍的现象。例如，曲折形式有消失的倾向，虚拟式的功用逐渐减小。梅耶指出，语音的发展规律与形态的发展规律是不同的，在形态方面，发生的事情并没有语音方面那么严格，形态是古代残迹的领域。这是因为，语音变化的一般类型受生理条件的约束，因此，可以确定一些适用于一切语言的一般规律，在形态方面，就不具备这样的约束。②

梅耶突破了对语言现象只进行孤立观察的局限，能够从系统的角度来研究音变现象之间的彼此影响和联系。例如，他指出，在一切语言中，如果音节的重读与非重读的区别在于音强，则非重读音节的元音趋于央化；如果区别在于音长，则非重读音节的元音趋于高化。在当时的条件下，梅耶对音变现象之间的联系进行了系统的分析，并揭示出了内部的因果联系，确实是难能可贵的。

梅耶并不满足于历时比较语言学所取得的成绩。他认为，现有的理论与其说是以经过选择的材料为基础，不如说是以一些不完全的、模糊的和偶然的材料为基础，因此，他提出，要加强对正在进行的变化的研究。而在梅耶那个时代，语言学家们对这些正在进行的变化却不够重视，梅耶认为，这些正在进行的变化包括儿童如何学习语言的系统研究、各种地方土语的差异细致研究、共同语和土语关系的研究等，这些都是亟待深入探讨的问题。③

（二）房德里耶斯的语言理论

法兰西学派的另一位代表人物是房德里耶斯。他于 1875 年出生于巴黎，1896 年获得国家文科教师资格，先后在克莱蒙费朗和冈城任教，从 1907 年开始担任巴黎大学印欧语历时比较语法教授，并主持高等研究学院的凯尔特语文学研

① 冯志伟．现代语言学流派 [M]．西安：陕西人民出版社，1987.
② 同①。
③ 同①。

究，在古典语言和凯尔特语的研究中做出了重要贡献。房德里耶斯还解读了用塞浦路斯音节文字写的一种未知语言的铭文，1931 年他被选入铭文学会。

房德里耶斯的语言理论的主要内容如下。①

第一，把语言分为一般语言和个别语言，研究了它们的本质、起源和发展。

房德里耶斯认为，一般语言具有如下的性质：

①语言是社会现象。他认为语言在社会中形成，从人类感到有交际需要的那一天起就开始存在，语言是再好不过的社会现象，是社会接触的结果，语言是维系社会的最强有力的纽带之一，语言的发展也是靠社会的结合。

②语言是作为交际工具的符号系统。他曾说，对语言所能下的最一般的定义是：它是符号系统，而所谓符号，是指一切能作为人与人之间交际工具的记号。关于语言符号的性质，他指出，在符号和所指的事物之间，在语言形式和表象的内容之间，从来不存在自然的联系。语言符号虽然是任意的，对个人却是强制的，因为个人从儿童学话时期就已经处在社会交际的网络之中了。

③语言和思维是密切联系着的。房德里耶斯认为语言是思维的工具和助手，人们的表达形式把思维囚禁了起来，使它不再独立地存在。他认为人们不能使思维和物质化的声音分开，甚至在物质化没有真正实现的时候不能和声音的可能性分开。

④语言存在于人们的意识中。房德里耶斯认为语言不可能存在于进行思维和说话的人之外，语言把根子扎在了个人意识的深处，但个人意识只是集体意识的一个成分，集体意识把自己的规律强加于每一个人。房德里耶斯把语言在意识中的存在形式叫作"语象"，语象既是思维为了在语言中的表达而制拟出来的表象，又是随时准备成为现实的声音可能性的总和。语象是两面的，一面导向思维的深处，另一面反映在发音的机制中。从它的物质实现来看，它是由声音表达出来的，但从心理根源来看，它是精神活动的产物。语象虽然存在于个人的意识中，但它们是个人在儿童时代向社会学说话时就获得的，归根结底，语象只是在大脑中变成了语言可能性的经验事实，所以既是心理的，又是社会的。房德里耶斯认为意识中的语象和说话中的句子相当，句子是语象所借以表达、并通过声音的中介而被人感知的形式。

⑤语言与传统的风俗一样，是一种社会制度。房德里耶斯认为一切参与历史和生活的事物，它们的变化都是渐进的，没有突然的爆发，语言的变化形成一个

① 冯志伟．现代语言学流派[M]．西安：陕西人民出版社，1987.

连续的领域，并无明显的界限，在每个事实发展到顶点的高峰之间有一系列不知不觉地等差。

⑥语言可以分为“逻辑的语言”、“意志的语言”、“感情的语言”。房德里耶斯认为，儿童学话总是从感情的公式开始的，后来，在纯感情的自发语言的内部形成一个坚固的核心，这个核心逐步因周围各个部分的凝固而扩大，这就是逻辑的语言。逻辑的语言形成后，继续被包围在感情的语言里，不断从感情的语言里汲取营养。这个语法的底子在某种程度上被个人终身保持着，感情的语言中的任何现象都可以用它来说明，同时，它反过来也从逻辑的语言里得到营养。

“个别语言”是指一定社会集体的语言。房德里耶斯认为，个别语言具有如下的性质。

①一定社会集体的语言不是表达民族精神的行为，它与种族无关。个别语言是联合集体成员的最有力的纽带，同时又是他们的共同生活的象征和保障，它是集体成员互相了解的工具。

②有多少个集体就有多少种个别语言。房德里耶斯认为，任何集体都存在集体的意识，人们一旦结合成群，就会利用微不足道的情况来巩固自己的集体，和别的集体对立。语言是集体意识的表现，所以有多少个集体就有多少种语言。

关于语言的起源问题，房德里耶斯首先把个别语言的起源和一般语言的起源分开，然后又把语言的起源问题和原始语言的面貌问题分开，从而将他的论证限定在人类有声语言起源问题上。他认为产生语言的社会条件是交际的需要，语言在社会中形成，从人类感到有交际需要的那一天起就开始存在；产生语言的心理条件是人类对符号的掌握，动物的语言暗示着符号必须依附于符号所表示的事物。要消除这种依附，使符号获得独立于对象之外的意义，就需要一种心理的作用，这种作用就是人类语言的起点。

语言的发展问题在房德里耶斯的语言理论中占有非常重要的地位。他从语言的内部发展和语言的外部发展两个方面来研究这个问题，又从心理的角度来观察和说明语言的内部发展，从社会的角度来观察和说明语言的外部发展。关于语言的外部发展，他认为存在着两个把语言拉向相反方向的趋势：一个是分化的趋势，另一个是统一的趋势。语言要素的自然发展使语言趋于分化，但分化不会进行到底，因为进行到底的分化将使语言失去交际的功能，统一的趋势总是对抗着分化的趋势，使语言的发展达到新的平衡。由于这两种趋势的相互作用，产生了方言、特殊语言、共同语等各种不同的语言。

第二，研究了语言的共时系统，从语言系统中分出语音、语法和词汇三种要素，分别从静态和动态的角度讨论了它们的性质和特点。

在语音方面，房德里耶斯从发音基础来说明语言的系统性，他认为语言的系统性来自发音器官动作间固定的协作关系。一个人在儿童时代学话的过程中就学会了一套互相配合、互相制约的发音动作，形成了他自己的语音系统，除非特殊原因，这个系统是终身不变的。

在语法方面，房德里耶斯从思维活动的规律和对句子的分析出发来研究语言的语法。他认为，通过语言活动所引起的精神活动包括分析和总和两个过程。假定大脑摄入了一匹马在奔跑的视觉印象，意识首先分析这个印象的构成成分（“马”和“跑”）并确定它们之间的关系（“跑”是“马”的动作），这是分析的过程。接着，意识又把自己所辨认和分析出来的成分组成“马跑”这样一个语象，这是综合过程。分析和综合的过程都需要在语言材料的基础上进行，但是彼此又有差别。房德里耶斯认为，说不同语言的人在上述表象中分析出来的成分以及这些成分之间的关系是相同的，然而这种关系的表达，在不同的语言里却各有特殊的方式。

房德里耶斯把语言成分区分为“义素”和“形素”两类：义素是表达概念的成分，形素是表达概念之间的关系的成分，也就是语法成分。他把形素分为三类：第一类形素是句子中和义素相连的语音成分，如介词、人称代词、冠词、前后缀、词尾等；第二类形素是通过义素本身的语音性质来表示的成分，如词根的内部曲折、声调、零形素等；第三类形素是义素在句子中的位置，也就是词序。

形素的内容就是“语法范畴”。房德里耶斯认为，语法范畴必须有形式上的标志，但是，不同语言的语法范畴的种类和数目不可能相同，即使是同一种语言，随着形式的变化，语法范畴也会发生变化。在任何语言里，语法范畴和逻辑范畴总是不完全一致的，语言学家只能牺牲逻辑来对语言事实进行分类，这样的分类至少符合语言的实际。他指出，要是法语语法没有按照亚里士多德的逻辑原则来建立，它肯定会是另一个样子。[①]

在词汇方面，房德里耶斯给词汇下了如下的定义：词汇是语言中从语义价值来考虑的词的总汇。他是从两个方面对词汇进行分析的：词义的性质和词汇的系统性。根据这个观点，无论每个词以往有多少种含义，当在特定的上下文中使用时，均拥有明确的特定含义。即使一个词在特定上下文中可以具有多种含义，但在人的意识中只会表现出与当前上下文相关的那个特定含义。因此，每个词均有

① 冯志伟．现代语言学流派[M]．西安：陕西人民出版社，1987.

着目前的含义，也就是与它在特定语境下的使用相关的含义，同时还拥有特殊的含义，也就是与暂时的用法相关的含义。

当上下文使一个词在特定情境中呈现出其某个含义并使人忘记了该词的其他潜在含义时，这些潜在的含义仍然存在于人的意识中，只是暂时被抑制了。因此，无法找到各种含义的平均点，每个含义都完整地存储在人们的意识里面，并且等着它们能够进行表现的时候。房德里耶斯使用心理的联想过程来解释词汇的系统性。他指出，词汇并不在人的思维中单独存在，而是与之前的使用情境相互关联，这种词汇系统性体现在人的思维里面就是联想网络。联想网络包括多种多样的复杂性的关联，使得词汇在人的思维中相互联系，相互影响。①

第三，研究了语言的历时演变规律。

房德里耶斯认为，语言在时间的进程中不是固定不变的，它永远处于不知不觉地变动之中。

房德里耶斯将语音演变分为两种类型，即自发音变与联合音变。自发音变主要发生在语言代际传承中。他提出，在早期，个人的语音系统就已经形成了，并且在成年后基本保持不变，除非经过教育有意识地去将发音进行转变，或者受到其他语言或方言的影响，从而让母语发音发生变化。这种早期形成的语音系统通常会终生保持相对稳定。通常情况下，语音的演变未曾在同一代人中显著发生。然而，儿童在结束语言习得过程后，其语音系统基本上也不会同他们的父母完全相同。即使存在一些细小的差异，这些差异也会在代际传承过程中逐渐累积，最终导致自发音变的显著发生。自发音变通常是不自觉的，一旦发生，往往难以逆转。自发音变一般发生在语音系统中一开始就不容易发出的那部分音上，而联合音变则是由相邻音素相互影响而形成的，如音的同化、异化等。联合音变与自发音变具有一定的差异性，联合音变并不是特定语言特有的现象，而是在各种语言中都普遍存在的现象，因而表现出相似的模式。②

在形态演变方面，房德里耶斯认为有两个一般的趋势支配着形态的演变：一个趋势来自一致性要求，它趋于消除不常用的形素；一个趋势来自表达的要求，它趋于创造新的形素。一致性要求由类推作用来满足。类推是一种心理作用，由于类推作用取消的是罕用的、记忆不予保证的形式，所以类推作用的发挥依赖于记忆的遗忘。他指出，按照预定的逻辑而设计出来的人造语言，只能作为特殊的

① 冯志伟．现代语言学流派[M]．西安：陕西人民出版社，1987．

② 同①。

语言在少数人中使用，这种人造语言一旦成为日常的交际工具，人们就会赋予其不同的形式以不同的价值，某些形式可能支配别的形式而成为类推的辐射中心，从而打乱人造语言原来的井然秩序。①

所以，房德里耶斯提出，即使类推作用在满足一致性要求方面具有一定效果，但其通常会成为逻辑的对手。一致性要求通常是由语言演化引发的。语言演化可能导致形态结构的严重磨损，或者是全部消失。想要达到满足表达的要求，心理过程会试图修复这种结构的损伤，从而引发形态的演化。这种修复损伤的方法包括实词虚化与将独立词汇转化为词缀。他说，形态进行的各种不同情境使我们想到万花筒里见到的千变万化的图案。人们可以无限地转动这支万花筒，每次变换它的要素组合，但得到的除了新的组合之外，再没有别的东西。这就是著名的“万花筒理论”。②

此外，房德里耶斯还讨论了词语替换的规律。他把词语替换的原因总括成说话者的心理和社会条件两个方面。从说话者的心理来看，当词语受到磨损而丧失表达功能的时候，说话者就会把它加以更换，采用别的词语来表达同样的概念。例如，有的词语因语音的演变而变得太短或者出现同音混淆，影响到表达力，他们就可能被替换。从社会条件来看，出于礼貌、文化的发展等，都可能引起词语的替换。

我国老一辈语言学家部分到法国留过学，如王力、高名凯、岑麒祥等，通过他们的介绍，房德里耶斯的学说在我国语言学界广为传播，产生了很大的影响。

综上所述，通过对语言、语言学的基本概念进行了解，认识语言学的相关理论流派，能为后面更具体地学习语言学的分支学科内容打下坚实的基础。

---

① 冯志伟．现代语言学流派[M]．西安：陕西人民出版社，1987.

② 同①。

第二章　认知语言学理论及应用研究

本章的主要内容是认知语言学理论及应用研究，分别从三个方面进行相关论述，依次是认知语言学的基本概念、认知语言学的词汇阐释、认知语言学的词汇教学应用。

第一节　认知语言学的基本概念

认知语言学诞生于20世纪70年代，21世纪渐成主流。认知语言学研究语言的普遍原则和人的认知规律之间的关系，是建立在我们对世界的经验及感知和概念化世界的方式基础之上的一门新学科。认知语言学为语言研究提供了全新的视角和方法，因此语言的各个层面都可以用认知的方法去研究，这个特点使认知语言学的研究范围非常宽泛。如今认知语言学得到了国内外学者的普遍认可，并开始渐渐取代结构主义语言学和转换生成语言学成为主流学派。

一、认知语言学的起源

乔姆斯基在1957年发表的《句法结构》标志着语言学领域认知主义思潮的开始。乔姆斯基提出了一种用“深层结构”向“表层结构”转化的观点来解释语法的思路。这与计算理论中的有限规则生成无限结构的理论及心理学中的信息加工理论不谋而合。在《句法理论面面观》中，乔姆斯基指出，仅仅把语法看作生成合乎语法的句子的装置是不够的，语法始终存在于人的大脑中。因此，一个基本的问题是，人们是如何“拥有”自己所说语言的语法的？乔姆斯基特别强调，这依靠的不是大家所熟知的学习过程，如演绎或概括，而是人们大脑中存在一个与生俱来的语言蓝图，只要给予有限的语言素材，这一蓝图就能帮助人们获得某一特定语言的语法。这一蓝图后来被称为“普遍语法”。从这一角度来看，有关语言形式的理论就变成了有关人脑的认知理论。因此，乔姆斯基认为他自己的语言理论是认知科学的一部分。①

二、认知语言学的基本理论

（一）范畴与原型理论

范畴就是事物类别的总体。范畴体现出的只是事物的属性，并不是事物的内在本质，因为事物的内在本质只有一个，而事物的属性是有很多种的。如果按照事物本质划分则只会有一种角度，而按照事物属性划分，则会有很多不同角度，它会因人们的文化差异、视角不同而形成不同的范畴。范畴化是人类认识事物的一种主要认知模式，是人类对世界万物进行概念化和分类的一种高级认知活动。范畴可以看作一个静态系统，而范畴化不同，“化”代表的是动态，是一个发展的过程。认知视角下的范畴化概念指的是人类为了认知事物，从万事万物在性质、功能、形状、作用等方面的不同中看到其相似点，并据此将不同事物按相同的类别加以处置，从而将这些事物划归到同一范畴并形成概念的过程。把各种各样具有共同属性的事物在思维中组织起来，丰富其范畴，并将这些事物用相关的语言符号表现出来，事实上，这就是一个范畴化的过程。范畴化是人类最基本的认知能力。

对我们的思维、感知、行动和言语来说，再也没有什么比范畴划分更基本的了。维特根斯坦认为，某一范畴内的各个成员之间具有“家族相似性”，即各个成员有时是总体相似，有时是细节相似，从而形成一种错综复杂的互相重叠、交叉的相似关系网络。罗施对“鸟”“水果”等的研究表明，范畴划分具有一定的模糊性和开放性。罗施还提出了“原型”这一术语，认为原型是范畴中的典型成员，是与范畴中的其他成员有最多共同特征的实例，具有最大的家族相似性。②

原型理论认为范畴内部的各个成员有“家族相似”，但将它们联系在一起也并不能满足一组充分必要条件：范畴的边界具有模糊性，相邻范畴互相重叠、渗透；范畴原型与该范畴成员共有的特性最多，与相邻范畴的成员共有特征最少；范畴成员具有不同的典型性，因此范畴成员之间并不平等；范畴结构呈放射状，原型位于范畴结构的中心。但是范畴的原型不是固定不变的，它受语境、文化、

① 冯薇．认知语言学与汉语词汇研究[M]．西安：世界图书出版西安有限公司，2018．
② 同①。

个人等诸多因素的影响。如今原型理论已被广泛地用于语音学、形态学、语义学、句法学等多个研究领域。

（二）概念隐喻和概念转喻理论

概念隐喻是认知语言学最重要的理论之一。隐喻和转喻以往都被看成修辞，是文学家和修辞学家的研究范畴。认知语言学家却认为比喻性语言与非比喻性语言无甚差别，日常语言中充满了隐喻。隐喻和转喻是我们对抽象范畴进行概念化的有力的认知工具。概念隐喻理论的核心内容是，隐喻是跨概念域的系统映射，即隐喻是从一个概念域或认知域向另一个概念域或认知域的映射，或者说从始发域向目的域的映射。人们通常用较为熟悉的具体的概念域中的词汇来描述另一个抽象的或不太熟悉的概念域。概念隐喻与概念转喻既相互区别又有联系，它们都是从始发域向目的域的映射，但是隐喻是在不同认知域之间的映射，而转喻发生在同一认知域中，不涉及跨域映射。通过转喻映射，目标域在心理上被激活，并得到凸显。

（三）象似性理论

象似性，亦称临摹性或拟象性，指的是语言表达的形式和意义之间存在的相似度关系，它源于符号学里面的象似符。象似符可被划分为影像符、图示符与比喻符。影像符是用简单的形象或声音来模仿意义的符号，常见的例子为象形文字与拟声词。通过这种方式，人们可以更直观地理解与表达事物的含义。图示符是一种语言形式，它的结构与意义高度相似，这种相似性主要体现在语法方面。在语法上，相似之处含有顺序、距离和数量的相似性。顺序相似性说的是语言的结构与事件发生的顺序相对应。例如，句子“他醒过来打开灯”里的动作的顺序和事件的发生顺序一致，但是句子“他打开灯后醒过来”则与现实生活不相匹配，所以会听着奇怪。距离象似性说的是词语间的关系越紧密，它们的功能、概念以及认知距离越近，在语言结构中的形式距离也就越近。例如，“著名的意大利的辣香肠比萨”，“辣香肠”是这种比萨的组成材料，与比萨的关系最近。数量象似性说的是在语言表达中信息的数量和意义的复杂性之间存在的关联。当需要传达更深层次的含义时，语言表达就会变得更为复杂而冗长。例如，“他的语言表达非常流利和自然”比“他说话流利”更为详细和精确。

（四）图形—背景理论

图形—背景理论是一种认知语言学理论，它起源于完形心理学（格式塔心理学）。依照完形心理学家所述，知觉场是由两部分组成的，一部分是图形，另一部分则是背景。图形是一座格式化的塔，其体量醒目，是我们感知事物的主体；背景是指与图形形成对比的、模糊不清、还未明确分化出来的部分，起到凸显图形环境的作用。例如，当一个学生在听讲座的过程中，主讲人的讲话就像是图形，而四周人们的谈论就是背景。当他跟四周的人们进行交流时，他们之间的对话就变成了一幅画，主讲人的话只是画的背景。

在语言中，图形与背景是两个基本的认知概念。图形是指移动或抽象的实体，其路径、位置以及方向是可变的。在自然语言里面，空间关系能够被视为一种图形与其背景之间的关系。例如，“在桌子上面有一本书”和“书从桌子上落下来”两句话，通过介词“上”和“下”，就可以描述出书与桌之间的空间关系：桌是书的地方，书在桌子的上面或者从桌子上面掉下来。这样可以更加直观地描述场景。图形—背景理论最早研究的领域是空间关系，后来，研究重点转移到分析复杂句子，这些研究结果促进了认知语言学界其他学者的相关研究。兰盖克、昂格雷尔及施密德等学者将图形—背景理论应用于句法、语篇及言语事件等领域，在很大程度上对图形—背景理论与认知语言学的研究进行了丰富。

三、认知语言学的基本假设

在研究目的、基本假设及研究方式上，认知语言学和传统语言学、传统的结构主义语言学、转换生成语法之间存在着显著的不同。有一种说法是，认知语言学是对 20 世纪 50 年代后占领语言学主导地位的乔姆斯基提出的转换生成语法的基本前提和研究方法进行反思和探索的学科。

乔姆斯基的这些基本假设主要含有以下几点内容。

首先，语言被视为一个自包含的系统，具备一定的数学特性，这种自包含性能够让语言研究在相对独立于更广泛的认知系统的情况下进行。

其次，句法，特别是语法结构，被视为语言的一个独立组成成分，同词汇、语义存在本质性的差别。

最后，倘若我们要在语言分析中涵盖意义，最适合的方法就是使用某一种形式的逻辑，其基础建立在真值条件之上。

与此相对的是，认知语言学对语法和语言意义的本质的看法是：

①语言既不是一种自足的系统，也不能不参照认知过程得到描述。

②语法结构并不构成一个自足的形式系统或表征层次，它们本质上是象征性的，为概念内容的组构和规约的符号化服务。

③词库、词法和句法等语言单位形成一个连续体，它们被任意地拆分为不同的组成成分；分析语法单位若不参考其语义价值，就与编词典但不提供对词条的解释一样荒唐。

④建立在真值条件基础上的形式语义学用于描写语言表达的意义是不合适的。原因之一是语义结构与知识系统相关，而知识系统的范围本质上是开放的；原因之二是它们的价值不仅反映了某一被感知的情境的内容，而且还反映了这一内容的结构和观察方式。

按照威廉·克罗夫特等学者的理解，认知语言学的基本原则可以概括为以下三大假设。

第一，语言是一个自主的认知机能。

第二，语法就是概念化。

第三，语言知识来自语言使用。

第一个假设是根据生成语法的观点提出的，认为语言是一种自主的、内在的认知能力。根据认知语言学的观点，语言知识和别的概念结构知识在本质上并没有什么差异性，人们对语言知识进行应用的过程同在日常思维中使用认知能力的过程一样。第二个假设是由兰盖克提出的，同真值条件语义学正好相反，它主张句子的意义不是借助句子所描述的事件与现实世界（或特定模型）之间的对应关系来定义的。认知语言学认为，人类认知能力的一个重要方面就是对需要交流的经验进行概念化（以及对我们的语言知识进行概念化）；概念结构的所有方面都与构建方式有关，包括范畴的结构和语言知识的组织等。第三个假设与生成语法和真值语义学追求对语法形式和意义最大限度抽象和概括表征的倾向形成了鲜明的对比。认知语言学认为，语义、句法、词法和音系中的范畴和结构是我们从具体使用场合的话语中抽象而成的，而生成语言学认为高度抽象的语言规则具有先天性，一些特殊的句式属于语言的边缘现象，不在语言学家的研究范围之内。

当今，认知语言学的研究在一定程度上体现了回归传统的趋势。就认知科学的发展而言，构建一个关于人脑工作机制的模型是必需的，这再次加深了人们对语言分析过程中无法割舍大脑这一事实的认识。

四、认知语言学的研究趋势

认知语言学这一研究领域已经从起步阶段快速发展，研究人员的学术兴趣也呈现出多样性的特点。这一领域的研究重点不断扩大，涵盖以下几个方面。

第一，认知语言学的研究重心一定程度上维持不变。传统研究领域中的范畴、隐喻、原型以及空间等仍然备受关注，并且这些研究领域在过去几十年中一直保持着热度。此外，对认知模型的应用研究也备受关注。我们根据互动经验，生成了表达意向的方式，并且构建了认知模式，也就是 CM（cognitive model，简称 CM）。一个理想化的认知模型能够由许多个 CM 构成，通过这个方法，我们能够建立起概念化的有机组织，识别观察对象的结构模式和运作机理，从而更好地理解语言表达的含义。目前，认知模型理论主要包括 CM 理论、ICM（idealized cognitive models，简称 ICM）理论和心智空间（mental space，简称 MS）理论，在此基础上，福柯尼耶进一步提出了概念融合理论（或译为概念整合／复合／合成理论）和 ECM（event-domain cognitive Model，简称 ECM）理论。

第二，研究领域继续扩展，新的研究热点不断涌现。认知语言学与语言学各个分支及语言学领域外的学科不断融合，如向社会语言学、体验哲学等领域的扩展催生了新的热门研究课题等；对手势语、运动、类型学等的研究也表明认知语言学的研究内容越来越丰富。

第三，认知语言学在音位学、词汇学、跨文化语义学、类型学及应用认知语言学方面的研究相对较少，留有较大的空白，这些领域还有很大的发展空间。

第四，不同学科之间的相互交流与融合，以及各学科之间的互动，推动了对新领域的研究，这不仅是认知语言学发展的明显特色，也是它将来发展的主要趋势。

第二节　认知语言学的词汇阐释

本节旨在对认知语言学的相关词汇进行阐释，主要对较为常见的情态动词、介词及量词进行相关论述。

一、情态动词的认知阐释

情态动词在语言表达中发挥着非常重要的作用，说话人的观点、态度和意见等往往通过情态动词表达出来。

（一）情态动词的认知阐释——“可以”

在情态动词的使用过程中，对“可以”的运用，是较为常见的。

1.“可以”所表达的情态意义

单纯从语义的角度来看，“可以”在当前阶段有以下几种义项：

①表示可能：这间屋子可以住四个人。

②表示某种用途：废纸做成纸浆，可以再造纸。

③表示许可：我可以进来吗？

④表示值得：美术展览倒可以看看。

《实用汉语语法》将“可以”归纳为以下三个义项：

①表示主客观条件容许做某事。

②表示“准许”或情理上许可。

③表示“值得”的意思。

这些义项虽然基本概括了一些常见的用法，但有时候还是不能解释“可以”在语言交际中复杂的、多样的、真实的意思，因此，我们从情态意义角度来分析“可以”，将为理解和运用情态动词“可以”提供新的视角。

结合英语情态动词“may”的情态意义的研究成果，可以发现“可以”在表达情态意义时既有认识情态义，又有道义情态义。在认识情态义中，“可以”表达的是说话人根据一定的情势或者已获得的知识和经验做出的某种推理性的判断，在时间段上只与未来相关。说话人做出判断的依据有两类：一类是依据一些情况下某些决定性的因素的存在就可以完全做出判断，即有了这种决定性的因素，某种结果很可能会发生；另一类是说话人依据过去已经掌握的知识和经验，做出某种情况可能会产生某种结果的判断。如下面的句子。

①他能拿到奖，你也可以拿到奖（第一种情况）。

②饭后散步可以帮助消化（第二种情况）。

在道义情态义里，“可以”的道义情态义包括意愿类和许可类两种情况。第一类表达意愿类的“可以”是由于受某种客观情况的制约不得不选择愿意的情形；第二类许可情态义表达的是在情理、法律、习俗等诸多方面因素的许可和作用下，句中的命题得以实现和完成，如伤亡者家属可以得到赔偿。

2.“可以”的否定式

首先，“可以”在不同情态意义下有着不同的否定方式，在动力情态意义下，对“可以”的否定一般不用“不可”或“不可以”，而用“不能”。例如，“我们研制出这种产品就可以迅速占领市场”，此句中就只能用“不能”来否定；在道义情态意义下，对“可以”的否定一般直接用“不可以”。例如，“戴上安全帽你就可以进去了”，直接用“不可以”来否定，“不戴安全帽不可以进工地”。

其次，我们从“可以”的否定结构上来看，汉语中的“可以”有“前否定”和“后否定”两种格式，即“不＋可以”和“可以＋不”，“前否定”中的“不”否定“可以”，“后否定”中的“不”否定“可以”后面的动词结构，所以从语法格式上来说，否定词“不”的否定范围是明确的。从语义倾向性来看，“不可以”主要与道义情态义中的许可情态义有关，而“可以不”与认识情态和道义情态都有关联。

（二）情态动词的认知阐释——“要”

除了“可以”，“要”在情态动词中的运用也较为广泛。

1.“要”的情态意义

“要”有五种语义。

①表示做某事的意志，一般不单独回答问题。表示否定通常不说“不要”，而说“不想”或“不愿意”。前面可以加“想、打算”等。

②需要，应该。否定用“不要”，多用于禁止或劝阻。前面可以加“应该、必须”等。

③表示可能。前面可以加“会”，句末可以加“的”。表示否定不说“不要”，说“不会”。

④将要。前面可以加“快、就”，句末常加“了”。

⑤表示估计，用于比较句。

宋永圭把“要”分为：可能性、需要、意志和推测、估计四个语义。郭昭军认为“要”在不同的语境中可以表达三类不同的情态意义：义务、意愿和认识。①

彭利贞认为，“要”是多义的情态动词，它可以表达三种情态意义，即动力情态意义（意愿）、道义情态意义（义务）和认识情态意义（必然）。彭利贞的说法较为全面，成为很多学者研究“要”的情态意义的基本框架。“要”的动力情态意义：“要”可以表达主语有意愿使某一事件成真。“要”的道义情态意义：“要”可以表达义务，说话人用“要”表达对事件成真的要求。“要”的认识情态

① 冯薇．认知语言学与汉语词汇研究[M]．西安：世界图书出版西安有限公司，2018．

意义:“要”可以表达必然,表达说话人对事件的事实性或命题的真值的(必然性)推断。①

兰盖克对英语“will”的情态意义的划分和阐释,同样可以借鉴过来分析“要”。根据兰盖克的划分,“要”既可以表达根情态,又可以表达认识情态。“要”表达根情态时,表示句子的主语有做某件事的义务或者意愿。“要”也可以表达认识情态,表示对事件发生与否的可能性进行主观判断。说话者根据头脑中的世界发展势头判断现实情况是否可能达到指定的程度。

2.“要”的否定式

情态动词的每个义项和其否定形式之间不一定是一一对应的关系,肯定与否定之间存在不对称关系,即肯定否定不对称现象。“要”在不同的情态语义下有时会采用不同的否定形式,我们来看“要”在不同的语境中可以表达的三种情态意义。例如:

①今天肯定要下雨。

②雨雪天驾驶要格外小心。

③放假期间他要去欧洲旅游。

“要”在例①中表示认识情态,表达说话人对事件成真的必然性推断;在例②中表示道义情态,表达说话人对事件成真的要求,这种要求往往指客观事实上的需要,如法律法规、社会道德或风俗习惯等加诸的要求;在例③中表示动力情态,主语欲使某一事件成真。“要”的三个义项在受“不”否定时,有不同的形式。对“要”认识情态的否定一般使用“不会”,“今天要下雨”的否定式是“今天不会下雨”,而不是“今天不要下雨”;对“要”的道义情态的否定一般用“不要”,意思为禁止和劝阻,如“不要在室内吸烟”;对“要”的动力情态的否定,多用“不想”来表示,如“今天太累了,不想去逛街了”。

二、介词的认知阐释

认知语言学的看法是,我们通过自己的体验来感知世界,同时将自身看成是中心,向周围辐射感知范围。在与世界相互作用的时候,我们形成了诸如里外、上下、左右等各种空间概念,并且这些概念会持续性的被强化、呈现及反复,最终构成多种意象图式。这些空间意象的图式被称为介词,其中最典型的就是由介词与方位词组成的各种表达空间概念的结构,如“在……里”“在……上”等。

① 冯薇.认知语言学与汉语词汇研究[M].西安:世界图书出版西安有限公司,2018.

“在……之中”的结构不只是表达位置，还能够表示某个事物所处的一种状态，如“在这个问题上”，实际上是通过从具体的空间概念到更抽象的条件概念进行隐喻。

根据认知语言学相关的理论发现，“在”一词的语法化过程从简单到复杂，形成了一个逐渐上升的阶梯结构。“斜坡”是一个连续的实体，它的发展过程只能遵循这样一个路径：由实词衍化为虚词，进而发展为附着形式和曲折形式（词缀），并且这个过程是不能够发生逆转的。语言的演变是一个平稳过程，不一样方面的语言在不一样的时间段里以不一样的速度在不断发生着转变。了解介词“在”的语法演变历程就能够明白，它从一个具有实际意义的动词演化成了既有介词又有副词特性的词，而且不同的用法能够同时存在且相互协调，如作为介词能够表示位置、时间、范畴、条件等。同时，“在”还可以作为一个词语成分在语法上发挥作用。在此过程中，“在”符合“斜坡”的语法模式。

海涅、克劳迪曾为抽象性提出过一个单向性的斜坡：人→物→空间→时间→过程→品质。博罗迪特斯基认为，从表面上看，空间和时间可以分享在线的结构关系信息，但是该分享是不对称的；空间图式可以用来思考时间，而时间图式则不能用来思考空间。[①] 其中“在”由一个实义动词虚化为意义比较抽象的介词，再虚化为时间副词甚至词内成分，这个过程由具体到抽象，符合人的认知习惯，同时也符合语法化的单向性假说。介引处所的介词“在”先出现，然后介引时间、范围、条件的“在”才出现，由表示处所的动词到表示进行时的时间副词，这说明“在”的语法化路径是从空间到时间、由具体到抽象，且这一路径是不可逆的。

“在”这个动词的原始含义是“存在”，当它与表示地点的名词相连时，则表示所在的位置。但是，若是在句子里“在”字的结构位置下降，被主要谓语所取代，这时，“在”便会转变成为介词。当使用范围逐渐扩大，介词“在”后方添加的词就不局限处所，而是逐渐扩展至时间、对象等方面。其引导时间的语义进一步发展为时体标记，并逐渐语法化为时间副词。例如，他在家里——动词；他在家休息——介词；他在讲话——副词。在语言中，动词的空间含义慢慢减弱，时间含义慢慢增强，是一种语法化的表达方式。由空间向时间的转变是一种隐喻，它指的是将视角从空间范围转向时间范围。

① 王娅．基于认知语言学的汉语词研究[M]．长春：吉林大学出版社，2020.

三、量词的认知阐释

从认知语言学的观点来看，量词是人们对客观事物分类的结果，量词与名词的选择性搭配也是量词对名词所代表的概念进行范畴化的过程。以下主要从范畴、隐喻及象似性三个方面进行具体论述。

（一）量词与范畴

根据某些认知语言学学者的观点，范畴划分的基础在于主观与客观的相互作用。在范畴划分中，人的固有经验具有至关重要的作用。认知主义者认为人的身体经验在范畴划分中扮演了重要的角色。

由于语言与文化的多样性，不同的范畴被赋予不同的含义。汉语里面的量词与名词并不具有一一对应的关联性，有时候同一个名词需要用多种量词加以修饰，也有时候会用同一个量词修饰两个不同的名词，如尽管使用了相同的量词“条”，但“鲸鱼”与“鲇鱼”仍然是不同的动物类别，“鲸鱼”是哺乳动物，“鲇鱼”是鱼类。量词的作用是将有着一定相关性但差异相差较大的名词进行归类，并通过主观与客观因素的相互作用，使用适当的量词来表示归类的结果。鲸鱼和鲇鱼虽然属于不同的分类，但它们的外形具有一定相似度，所以能够归为同一类别。

在认知语言学里面，“范畴”说的是客观事物在人类认知过程中经过转喻、隐喻、图式等思维路径后，借助语言得以表达的抽象概念或类别。

当对“长条状”的物体进描述的时候一般会用到“条”这个量词，例如“一条丝带”“一条毛巾”。然而，对于“新闻”“消息”等这样抽象性的概念，它们不具有一定的直观性，所以就被认为是“条”所修饰概念当中的非典型范畴。

原型范畴是指具有代表性特征的成员。家族的形成是因为家族成员的紧密联系，尽管他们各有不同，但这种联系使家族成了一个整体。当涉及一个“范畴”的时候，尽管包括多样的成员，但在某些方面，这些成员和其他成员之间有着很大的类似性，因此，就将以上成员归为一个整体，并将这些成员间的类似性称为“家族相似性”。

具有相同语义特征、属于同一范畴的事物可以通过量词隐喻的类推方式对该事物进行计量。汉语量词隐喻类推作用是在认知主体对名词指称事物范畴化基础上进行的。量词隐喻的类推性与范畴化认知模式密切相关，范畴内具有较多共同语义特征的事物可用同一量词进行计量。

（二）量词与隐喻

隐喻是人类认识事物、形成概念的捷径，是人类的一种普遍的语言表达现象和认知现象。隐喻由两个域组成：源域和目标域。人们经常将一些熟悉的抽象概念作为源概念来映射具体事物的目标概念。隐喻往往选取的是一事物最具有代表性的特点，代表着最高最抽象的象似性，在人类认知范畴中除了那些可以明确感知其轮廓边界的物体外，还有某些物体由于载体不同，其个体边界会产生变化，人们在认知和表述该物体的量时，常常运用隐喻或转喻的方法为它们描述认知上的边界。随着人们对客观事物和自身认识的不断扩展和深化，需要计量的事物越来越多，范围也越来越广。人们不能频繁、无止境地创造新词语，因此会将新事物、新概念与已知的事物进行比较，找到它们之间的关联点，从而用对已有事物的认识来处理、对待、思考、表达新概念。这种过程反映在汉语的量词使用上，表现为量词在语义范畴上不断扩展，以便对更多的名词范畴化，而隐喻就是实现这种扩展的有效方式。认知主体从自身经验出发，通过隐喻把已经被人们所熟知的个体量词用去理解和感知名词所指称的新事物，并实现对该事物的计量。

相关学者认为，转喻与隐喻同属于概念映射，只是转喻映射在同一领域内进行，并产生指称转移；而隐喻映射在两个不同的领域内进行。转喻的始源概念和目标概念是同一个认知模型的组成部分，它们是通过接近关系连接起来的实体，这些接近关系包括用显著的特征代替一般、部分代替整体等。转喻的原理是通过激活相应的意象图式，将具体的概念用来指代抽象的目标定义，换言之，是利用基本的相互关系或意象图式来表达抽象的定义。在表达形式上，转喻与隐喻是具有一定差异的，因为它们所涉及的概念域数量是不一样的。转喻的成立基础是本体和喻体之间相互接触或具有邻近性，相互接触或邻近的两个事物中显著度比较高的那个通常被用来指称或理解另一个事物或者指称整个事物。因此，转喻的形成主要基于两点：一是凸显原则，二是邻近原则。在结构和功能上凸显的部件更容易引起我们的注意而后被保留下来并加以抽象化，我们正是通过对这种显著部件的认识来理解事物的全貌的，语义范畴的扩展方式即为转喻的认知方式。比如量词“眼”可以用来计量“泉”“矿”、量词“峰”可以用来计量“骆驼”、“孔”可以计量“桥”、“面”可以计量“鼓”、“尾”可以计量“鱼”等，这些都是转喻在量词计量名词时发生作用的结果，根据事物最有代表性的部分来认识事物的整体，符合人类的认知规律。

（三）量词与象似性

象似性说的是语言的形式与内容两者中有着一定的紧密关联性，同时这种关联性是能够被证明的。识解基于主观认知的形成，是同客观现实世界并不存在必然关联的认知方式。识解性表达了主观与客观两者间的关联，这种关联能够反映在人们所使用的语言上。从某种角度来说，语言符号与其结构同人类大脑对该概念的映射具有一定一定程度相似。象似性在量词使用上的突出表现就是其象形性的语义特征。

有学者对象似性和识解性做出以下论述：象似性被看作是语言的一个特征，所以认知语言学家往往都会对语言的象似性进行重点强调。这一概念是说语言中的形式与内容两者间有着一种特定的关联，并且以上所说的关联是能够被证明的。例如，当涉及复数时，由于其内容多于单数，通常复数的语言形式也更长。同样，涉及用量词来表示形状的时候，它们通常都带有某种象似的特性。形状的量词通常源自名词，因此在内容上它们一定会反映名词的语义特征。然而，当量词来讲的时候，必须对与其相关的名词性成分加以区分，借助分类形式把它们所包含的语义特征映射到这些名词性成分上来。所以，这种使用量词的方式既符合事物的特点又具有形式上的合理性，拥有相似的属性。例如，当我们说“一条水管”时，我们将具有长条状属性的“水管”分类，这在形式上呈现出一致性。这表明了在汉语中，量词“条”展现了内容与形式这两者的一致性。实际上，汉语中的很多描述物体形状的量词实际上是从名词演化而来的，这些量词经历了一个虚化的过程，具体的关于象似性的表现体现在量词的形式和它们修饰的名词的词义或形状之间存在一定的联系。另外，一些义项与扩展用法是借助转喻或隐喻，并且由原型派生而来的，它们与原型存在着某种联系，表现为象似性。所以说，象似性是语言中不可避免的联系，它连接了语言里面的内容与形式。

我们可以用象似性解释语言形式和内容之间的联系，识解则反映了人们在认知客观事物时个人主观性选择与判断的结果，识解是一种认知方式，充分体现了个人主观性，其未必和客观真实世界完全一致。例如，“一张纸”在客观真实世界中是三维的，不但有长度和宽度，而且也有一定的厚度，不过凸显在我们视野中的一张纸基本上显示为二维的平面，也就是说，“一张纸”被人们主观地识解为一个二维的平面事物。

第三节　认知语言学的词汇教学应用

在上一节中，我们了解了认知语言学的相关词汇，本节主要介绍认知语言学的词汇教学应用，主要包括应用较为广泛且实用性较强的情态动词的教学应用、认知图式与词块学习。

一、情态动词的教学应用

汉语情态动词的研究相对较少，相应地在教学形式、教学内容上也缺乏深度，应用在教学实践中时往往浅尝辄止，回避难点和用法差别。在以往的情态动词教学中，我们基本上是单独列举各情态动词的语法释义，给出例句，让学生模仿和类推，也不细讲各情态动词在语言交际中的语义和用法差别，更不用说运用到认知理论的研究成果了。我们学习了认知理论的研究成果就要把它运用到教学实践中，要在教学中引入和运用认知理论对情态动词的研究和分析成果，据此指导教学实践，以提高学生对汉语情态动词的理解和运用水平。

（一）在教学中引入情态动词的认知分类成果

在教学中可引入认知语言学家提出的如下的一些概念和理论：情态动词的“认识情态”“道义情态”“动力情态”分类概念、情态的“语义域”包括“内容域”“认识域”“言语行为域”三个领域等概念、情态动词在“主观性”和“主观量”方面的差异等理论。为观察和对比情态动词在各种认知情态下的不同语义提供新的视角和分析框架，在教学中则可以按照上述框架对各情态动词进行该领域内的语义分析和对比，使其差别明晰化，并以此指导学生的语言交际和实践。

在进行教学的过程中，应该注意对教学内容进行有效的组织，因材施教。已有的认知研究理论表明情态范畴的差异会导致情态动词存在内涵与应用上的难度差异。所以，在教学过程中，应该有计划地侧重于重难点领域的教学，着重指出学生可能出现的错误，进行对比纠正，以加深学生的印象。这样一来，有助于学生更好地甄别情态动词在认识域里的语义和用法差异。例如，在语义域理论中，认识域是主观性最强的一个语义域，很多情态动词，如“能”“会”“可以”等，在主观性的强弱方面有着显著的差别，因此在语义和用法上差别也很大。如果学生不了解语义域理论的内容和对情态动词的相关解释，就不能准确区分在认识域中情态动词的语义和用法差别，在该领域内使用情态动词时所犯的错误也就会增加，如错用、混用、遗漏、多用等错误。我们在教学中就要注意强调认识域的情态动词教学，举出偏误实例，予以纠正。

（二）借助图表、图式进行情态动词教学

按照认知语言学的观点，人类对语言的识别和运用是以实际经验和物理世界为基础的。在解释情态动词的过程中，认知语言学的做法与传统语法不同，它们不依赖于话语或词典定义来诠释意义，它们通过图示或遣词造句的方式进行解构。

利用动态图式的学习方式，我们能够区分各种经常用到的情态动词所传达的含义与用法。引入认知理论有助于加深学生对情态动词用法的理解，从而让教学成效得到提升。在情态动词含义教授的过程中引用画图方式，是一种全新的教学方法。由于情态动词所传达的含义并不简单，用法多种多样，而传统的认知理论教育方法并不能调动学生的积极性。教师在上课时，倘若可以借助绘图方式将每个情态动词的含义进行总结，一定能调动学生的积极性。所以，建议教师在讲授情态动词的含义与用法的过程中，能够结合自己的简笔画技巧，画图并配文说明，让学生便于理解。当然也能够在备课时就将这些示意图准备完毕，在课堂中将其分发于学生。

（三）比较中外情态动词的认知语义和用法

认知语言学认为迁移的知识经验是存储于学习者头脑中的抽象主观认识结构或图式，迁移则是该认知结构或图式在不同情况中的应用。学习第二语言的时候，我们可能会不自觉地运用母语的知识与规律，这就是语言的正、负迁移现象。倘若母语和目标语表达方式上具有一定的相似之处，那么二语习得的成效就会有所增强，以上表现被称为正迁移。反之，则叫作负迁移。外语学习者经常习惯性地将自己母语词汇的意义和使用规则运用到目的语的使用中，这样一来，就很容易出现错误，这就是负迁移的影响，不同母语的学习者在同一个语言知识点上产生的偏误也常常是不同的。

中外情态动词在语义和用法上有很多相似之处。让学生明晰两种语言在认知语义和运用上的相似之处，就能发挥母语的正迁移作用。例如，“can 与能”“can 与会”“may 与可以”，是英语、汉语中最常用的情态动词，语义和用法有很多相似之处，但语义和语用上有所不同，其他一些情态动词也大多如此。在情态动词教学过程中，有条件的话，教师可以把中外两种语言中比较常见的情态动词拿出

来对比讲解，从认知分析的角度解释清楚其认知语义和用法的相似之处，使学生在不同语言的情态动词的意义和用法之间建立起必要的联系，提高他们习得情态动词的效率和正确率；反之，也要讲出两者之间语义和语用的认知差别，避免学生受其母语的负迁移影响。

（四）通过调查问卷对学生的学习情况进行了解

为了掌握学生习得情态动词的规律和偏误情况，我们可在学生容易混淆和误用的领域和语义中，选取典型问题汇编成调查问卷，针对初级、中级、高级不同水平的学生分组调查。通过调查统计不同阶段的学生使用各情态动词的频率和正确率，了解不同情态动词的习得和使用的先后顺序，统计哪些领域和义项上学生容易出现偏误和出现偏误的类型。

二、认知图式与词块学习

虽然许多学习者已经熟练把握了相当数量的单词，并且能够对一篇标准的文章进行认知，但是，在口头和书面表达的时候却总是会感到困难，并且还可能存在用词不当或用词不得体、不地道的问题。它的根本原因在于未能充分学习能够表达丰富含义的词组。在最近的几年里，有更多的研究者已经开始了解词汇知识的深度对于语言学习的关键作用，并强调了采用词块教学的必要性。然而，怎么样实现词块运用的有效性依旧要进行讨论。

对学习者而言，要掌握、记忆并应用非常多的短语组合这并不是一件简单的事情。有些人建议利用语料库来学习词组，但对于很多教学平台而言，这种方法不能够在传统课堂教学中进行实现。此外，采用该方法学习语言的学习者会发现所学词组均是零散的，这会给记忆所学习词组的工作造成不利影响。所以，倘若把词块教学融入语篇里面，就能够构建丰富的语境以理解词块，从而避免单独地对词块进行学习。更为关键的是，依照图式理论，我们在阅读理解语篇时要经历一系列认知心理活动，这些活动可以激活或建构适当的图像，并将信息完整地填充到其中。读者运用自身的经验与知识来理解语篇中的内容，通过激活先前形成的知识框架，不断地更新自己对内容的理解。已经有广泛的研究证明，认知图式能够促进阅读理解。理解语篇中的短语组合时，认知图式也起到了重要的作用。读者通过阅读语篇所形成或激活的图式，可以更好地让读者了解某个词组一般出现在哪些语境中，以及在特定语境下有着怎样的特殊的意义。

类似语言中的深层结构在句子的理解和表达中起到的关键作用，图式理论在语篇理解和表达中同样具有重要作用。图式在阅读理解过程中的作用是帮助读者提取信息，同时在阅读理解完成后也会起到信息加工与存储的作用。读者在阅读时，会脑补出一些图像和情境，其形成了一种框架来帮助读者理解并归纳文本中的关键点。这种框架还能帮助读者进行记忆与回想文本中的内容，而文本中的重要内容一般是由各种词块组成的。记忆并非简单的复制，而是通过重新构建大脑中已存有的图式模式，将新的信息与这些图式进行整合。显而易见，认知图式不只能够帮助读者去分析文本中的一些短语，还能够促进读者回忆与记忆短语。

第三章　系统功能语言学与教学应用研究

本章的主要内容是系统功能语言学与教学应用研究，分别从三个方面进行相关论述，依次是系统功能语言学的理论知识、系统功能语言学的教学研究、系统功能语言学的外语教学应用。

第一节　系统功能语言学的理论知识

由于韩礼德是最早从事系统功能语言学研究的学者之一，其著述最多，观点最为全面，他的理论客观上具有公认的代表性和权威性，因此本节主要依据韩礼德的思想体系模式详细地探讨系统功能语言学的语言观。

一、元功能

据韩礼德所述，人们对语言的需求的决定因素是语言的特性，也就是说，语言被赋予了应该完成的各种功能。并且功能的形态千差万别，拥有无穷无尽的可能性，那些能够被统称为有限的、抽象的、更为概括的功能就是“元功能”或“纯理功能”。元功能思想在韩礼德系统功能语言学理论中占有重要地位，它包括三个方面：“概念”元功能、“人际”元功能、“语篇”元功能。

语言是我们对客观世界中的事件和物体反映的结果，这种反映是“经验”的作用。语言还具有“逻辑”功能，其呈线性循环结构，用以表示并列关系与从属关系。因为在概念元功能中，两者均基于说话人对外界与内心体验的理解，所以跟着其他元功能对比可以发现，其抽象性更强，所以能够统叫作“概念”元功能。

语言是社会人进行有意义交流的工具，它在人们的活动中发挥着重要的作用。语言的主要功能包括：表达人们相互之间的关系，规定对话的顺序，表达对事物出现的概率与频率的判断与估测，也可以显示说话者和听话者之间的社交地位和亲近程度。这种功能被称为“人际”元功能。

在语言的实际运用过程中，人们一般应用的基本单位并不是语法单元，如词或句，而是由完整思想组成的“语篇”。在完成概念功能与人际功能后，讲话者需要将它们整合为“语篇”，才能够达到语言交际目的，以上所说的为“语篇”元功能。“语篇”功能指的是语言和语境之间的关联性，这种关联会让说话者仅仅可以形成和情境相符合、相适应的语篇。

关于这三大功能的主次问题，韩礼德提出了一些看法，心理语言学更大概率会侧重于概念功能，而社会语言学更大概率会侧重于人际功能。他自己坚信这三个纯理功能或元功能是平等的，并没有什么主次之分。此外，这三大功能并不是孤立存在的，它们能够借助语言的整体结构相互交织与重叠。

韩礼德的学术思想受到了伦敦学派马林诺夫斯基和布拉格学派的影响。当对太平洋岛屿原住民语言进行研究的时候，马林诺夫斯基指出，原住民使用语言的目的包括但不限于“寒暄”和“实用”等方面的功能。“寒暄”与韩礼德所提出的人际功能类似，都是借助语言交流来建立人际关系的，但是“寒暄”相对于后者而言，缺少深入交流的成分。韩礼德所提出的语言概念功能涵盖了物质世界与精神世界两部分，然而人们在表达过程中可能会涉及更多的概念。

韩礼德也看过布拉格学派的著作，并对布勒的见解进行了理解。布勒对语言的研究聚焦于心理语言学方面，研究内容包括语言的表达功能、表情功能及所指功能等。布勒并未曾尝试用功能的定义去对语言系统的特征进行阐释。布勒的表情功能与意欲功能与韩礼德的人际功能一样，在语言系统中被看作元功能，没有必要进行特别的区分。布勒所涉及的功能只占韩礼德语篇功能的一部分，并不可以对语篇产生的本质进行解释。

通过上面的对比能够得出结论，不管是马林诺夫斯基还是布勒，均没有对韩礼德模式里面的语言的第三个元功能——语篇功能进行充分探讨，这是由于元功能是固定于语言本身的。

国内已有学者对系统功能语言学中的元功能思想作过历史的和全面的论述，如针对格莱戈里、福塞特、马蒂森和奈斯比特等人的研究做出的报道。报道认为，福塞特分类较细，体现不出元功能和一般功能的区别，因而格莱戈里认为福塞特的框架缺乏概括性。另外，福塞特和麦西逊没有将经验功能和逻辑功能放在概念功能之下，而是放在同一个层次来考察。

二、系统

语言系统可以被解释为能进行语义选择的一个网络，当其中的步骤均能够实现的时候，系统结构得以建立。换句话说，系统理论只有在实践中使用才会不断发展，如果脱离语言使用者的实际操作，它就失去了存在的意义。总体而言，韩礼德同意语言是“系统的系统”的观点，并支持弗斯的系统网络观点。他提出系统存在于语言各个层面，包括语义层、词汇语法层及音系层。每一个层面均有着对应的系统，用来展现这个层面的语义潜力。

三、层次

语言是有层次的，至少包括语义层、词汇语法层和音系层。这一思想得益于叶尔姆斯列夫的观点。他在解释索绪尔的语言是一个包括能指和所指两个方面的符号系统的思想时，提出了语言实际上包含内容、表达和实体三个层次，因而语言不完全是索绪尔所说的单个符号系统，而是在各个层次之间具有相互关系的系统。①

各个层次之间存在着“体现”关系，即对“意义”（语义层）的选择体现于对“形式”（词汇语法层）的选择，对“形式”的选择又体现于对“实体”（音系层）的选择。

语言又可被看作一个多重代码系统，即由一个系统代入另一个系统，然后又代入另一个系统，具体内容如下。

意义（代码于）→措辞（又代码于）→语音（或文字）

语义学（体现于）→词汇语法学或句法学（又体现于）→音系学（字音学）

通过层次结构的定义，我们能够将对语言本质的认知扩展到语言系统所在的外部。这是因为语义层事实上就是语言系统中对语境（也就是行为层或社会符号层）的抽象表达。从这个角度来看，语义层可以被视为一个接口，它把词汇语法学与更高级别的符号学连接起来。

四、功能

在结构主义语法里面，弗里斯等人将功能和“结构意义”或“语法意义”进行关联，所以，“功能词”讲的就是表示语法或结构关系的词。

韩礼德的思想是关于功能的，它适用于语义分析。区别于元功能，以上所说的功能指的是语义潜势的离散组成部分，其具有形式化特征并在语句中担任特定的语义角色。成分和结构在词汇语法中只是表现形式而已。在表示概念性功能的

① 胡壮麟．评语法隐喻的韩礼德模式[J]．外语教学与研究，2000（2）：88–94．

及物性系统里面，语气系统包括“语气”与“剩下内容”的功能成分。主位系统涵盖的功能成分有两个,“主位”与“述位”,信息系统涵盖的功能成分有两个,“已知信息”与“新信息”。

五、语境

语言是紧密扎根于所使用的民族文化与社会生活方式之中的。弗斯对马林诺夫斯基的观点进行了发展和完善，提出情境与言语功能类型能够归纳为结构成分的纲要式概念，因而能够在不同的事件中进行运用。韩礼德针对语境的思想提出，语言可以作为一种有规律的工具去对语境中里的含义进行阐述。同时，语言学致力于研究人们怎么样借助语言去表达与交流。以上内容说明了语言并非人造物，需要在具体语境里加以探究。系统功能语言学理论的观点认为，语义的表达与使用何种语言会受到各种因素的影响，如主题、使用语言的人，以及交流方法等。

六、近似的或概然率

韩礼德受到了信息理论中“近似的”或“概率的”思想的启发。语言中的规律性特征是概率性，在人们进行词汇选择的过程中有着明显的体现。所以，人们可以依照语言的规律性去了解它适用的范围。

韩礼德进一步说明，人们当中较少会将概然率原则推广到语法系统的描述上。“I shall go”“I will go”以及“I’ll go”三者就有着概率问题。人们能够借助主动语态或被动语态来表达同一观点，以上状况也能够用近似值来表达。

近似或概然率的思想认为，为了熟练使用不一样的形式的项目，我们应该能够准确理解语义和特定场景语境两者存在的联系。虽然使用主动语态的频率较高，但被动语态的使用频率在科技论文里面相对会增加。

第二节　系统功能语言学的教学研究

系统功能语言学认为语言是个完整的系统，可以表达人的思想感情。语言的学习必须在各种情境中学习，在交际中学习。这些理论对教学产生了较大的影响。本节的内容为系统功能语言学的教学研究，主要包括关于教学大纲和教学方法的研究。

一、关于教学大纲的研究

在系统功能语言学理论的指导下，教学大纲的研究有了更进一步的发展。以下主要对不同类别的大纲进行相应的阐释。

（一）情境教学大纲

韩礼德的系统功能语言学是根据马林诺夫斯基的语言情境论创造的。这个学说的中心思想是如果要掌握一门语言，必须系统地从各种场合学习，缺少某种场合的语言经验，你便不能在此种场合下准确地表达或描述。

众所周知，语言是交际的工具，是人们开展沟通与交流的重要途径。在系统功能语言学这一观点的影响下，大纲编写人员创作出了“情境教学大纲”。该大纲重点区分了目的语使用的不同情境，介绍了以情境为线索来选择和组织语言的方法（介绍语法结构、练习句型），其主要的训练方式就是对话。

常见的情境包括“在机场”“在超市”“在银行”“在饭店”“在学校”等。情境教学大纲指导下的课堂教学采用的教学方法是听说法，学生先通过听、说来认识所要学习的材料。虽然听说教学法依然是以教师为中心，但不得不承认的是，学生有了更多参与课堂活动的机会，教师可通过图片、实物等来吸引学生积极参与对话活动或角色扮演。

情境教学大纲重视学生直接交流的需要，这是它优于结构教学大纲的地方。不过，情境教学大纲从本质上来看依然是以语法为基础的教学大纲，并且情境的组织与安排也缺乏系统性。

（二）意念大纲

威尔金斯在 1976 年提出了开创性教学大纲——意念大纲。意念大纲是在批评当时盛行的教学大纲——语法大纲和情境大纲的基础上发展起来的。

语法大纲将语言划分为各个组成部分，分步骤地进行教学，直到学生掌握整个语言的语法。此大纲也存在一些不足，学生通过这种方式学习语法，虽然学生在语法知识上的收获较多，但却不能从本质上理解语法技能。他们只是被灌输了知识，并不能掌握语法知识的含义和运用方式。他们还不懂怎么样描述一个句子，并且在实际交往中无法正确地运用这些语法规则。

情境大纲不是一组语法形式，而是一组学生交际可以进入的情境，它还描述了这些情境中的语言内容。情境大纲的主要缺点是情境不一定能够预测语言，并且不能预测请求、命令、同意这样的言语行为，因为同一个言语行为可以用在不同的情境中。

威尔金斯的意念大纲的目的是发展学生必须的交际能力，所关心的是讲话者如何通过语言进行交际。意念大纲是根据意义组织的教学大纲，而不是根据形式组织的教学大纲。在意念大纲中，学生需要学习三种意义。

①意义语法范畴，包括对事件、过程、状态和抽象概念的观察。

②情态，包括讲话者的态度。

③交际功能范畴，包括言语行为。

意念大纲设计者的首要任务是选择所要学的意义类型，当学完这些意义后，他要决定这些意义用什么形式表达。因此，意念大纲要提供一组学生要学的概念和功能，以及与这些概念和功能相关的形式，还要说明决定这些形式的社会语言学条件。

另外，还有一种意念大纲，这种大纲提供了一个能详细说明交际能力的模式。这个模式可以使大纲设计者在掌握所有相关资料的情况下，能编写出适合某些学习者需要的大纲。这个模式的运作方式是大纲设计者先收集有关学生的身份和语言的信息，将这些信息提供给交际需要处理器。这个处理器通过把影响交际需要的变项组织成为参数的方式来解释这些变项，发现需要的概况，输入语言技能选择器和意义处理器，最后对交际能力进行详细说明。

（三）功能—意念大纲

“功能—意念大纲”是由威尔金斯与范埃克于20世纪70年代首次提出的。该大纲以海姆斯的交际能力理论与韩礼德的功能语法为理论基础。功能，即个体利用语言可以做什么；意念，即个体想要传达的概念。

功能—意念教学大纲认为人们学习语言的目的就是利用语言进行交际，从而实现语言的各种功能，其中语法是交际的手段而不是目的。该大纲的宗旨是不仅让学生掌握语言各方面的结构知识，而且还要让学生能够在不同情境中熟练运用语言来表达自己的思想。

威尔金斯提出的意念大纲包括以下两个部分。

①语义—语法类概念，如空间、数量、时间等。

②交际功能类，如情感关系、个人情感、人际关系等。

功能—意念大纲首次将语言的形式与使用场景结合起来，充分考虑了学生的需求，对学生的学习有很大的促进作用。然而，该大纲同样具有一些缺点，如无法包含所有的语言功能与意念，无法系统、科学地处理功能与意念的顺序，语言形式与功能之间无法实现一一对应等。

（四）交际教学大纲

语言学专家在经过大量的研究后列出了交际教学大纲的具体组成部分，包括以下几点。

①教学中涉及的词汇内容。

②教学中涉及的语法内容。

③要求学生掌握的语篇衔接技巧，如修辞技巧。

④最大限度地考虑学生学习一种目的语的目的。

⑤分析学生使用目的语进行交际的社会、文化等背景。

⑥明确学生在使用目的语进行交际的过程中所扮演的社会角色及对话者角色。

⑦尽量开展一些可以让学生参与的社交活动，如日常交际活动、职业交际活动、学术交际活动等。

⑧明确交际活动中目的语所具有的各种功能，或者学生利用目的语能够实现的目的。

⑨明确交际活动中所体现的意念，或者说学生参与交际活动时必须要谈论的内容。

⑩明确目的语的语言变体，即学生需要达到的书面语、口语的具体水平。

上述几个方面有效保证了交际的顺利进行，即便部分教学大纲在设计时不能囊括上述几个方面的全部，但也需要最大限度地考虑其中的大部分内容。

（五）任务型教学大纲

任务型教学大纲十分重视学生学习的过程。斯凯恩指出，任务是包含以下几个要素的一种活动。[①]

①活动的首要目的是意义的表达。

②活动过程中学生不能简单重复他人提供的信息。

③学生参与的活动比较贴近现实生活。

④参与活动的首要目的是完成任务。

⑤根据任务的结果来评价学生完成任务的情况。

① 胡壮麟．语言学教程[M].4版．北京：北京大学出版社，2010．

任务型教学大纲的实施应该遵循以下几条原则。

①明确任务的目的。

②任务要涉及获取、传递、加工信息的内容。

③任务要促使学生进行实践。

④任务场景要与真实情境相似。

⑤任务需要重视语言意义的使用。

⑥任务结束后需要得出一个结果。

需要明确的是，虽然任务型教学大纲比较关注最终结果，但该大纲并不是是以结果为导向的，相反它是以过程为导向的。任务型教学大纲关注学习方法，提倡体验式学习，让学生在完成任务的过程中探索、体验、习得语言。

二、关于教学方法的研究

在系统功能语言学理论的指导下，语言教学的研究取得了丰硕的成果。在教学方法方面，比较典型的就是交际教学法、任务教学法。

（一）交际教学法

交际教学法产生于 20 世纪 70 年代，又被称为“功能意念法”或者“功能法”，是建立在韩礼德、海姆斯、卡纳尔和斯温理论基础上的一种教学方法。该教学法强调学生的中心地位，注重教学过程的交际化和教学内容、教学方式、教学环境的真实性，侧重实践模拟。

1. 交际教学法的实施步骤

在交际教学法的实施过程中，小组活动是最常见、最有效的一种实施途径。小组活动会将学生分成若干个小组，由小组内部成员共同完成教师布置的任务，并在实践中不断提升自己的交际能力。

小组活动的目的是不断提升学生的语言交际能力，为学生提供更多交际的机会。具体而言，小组形式的交际教学实践活动包括以下几个步骤。

①对小组进行划分。首先，教师要确定小组的规模，一般来说 3～6 人是最适宜的人数，这样有助于学生进行面对面的交流和练习。其次，教师还要确定小组成员的语言能力，小组成员的语言能力不可以都偏低或者都偏高，应该均衡搭配。

②教师给小组成员分配角色，确定组长、副组长，这样做主要是为了协调小组活动。

③教师布置具体的交际活动，活动的主题和素材应该从大多数学生的实际情况出发，并且每一个活动都应该选择一个恰当、合适的主题。

④教师让学生根据这一主题展开讨论。

⑤教师对学生进行提问，激发学生积极参与的热情。需要注意的是，教师在提问时应该先整体后局部，并给学生留下充足的时间思考，最后让学生给出答案。

2．交际教学法的优势与劣势

（1）交际教学法的优势

交际教学法既侧重于语言的交际功能，又注重语言的结构功能，因此具有如下几个优点。

①交际教学法对话语教学非常重视。在话语教学中运用交际教学法有助于培养学生的交际能力。该教学方法主要是为了满足学生的交际需要，它以功能语言作为基础，针对不同学生、不同对象的不同需要来安排教学活动。因此，教师应该为学生创造真实的语言环境，让学生愿意积极地、主动地参与其中。

②交际教学法主张采用多种教学资源和教学手段，如教师用书、挂图、磁带、录像、多媒体、电视、电影等。

③交际教学法对语言的流畅性也是十分关注的，这种方法并不苛求学生的语言运用必须正确无误，相反，它允许学生出现错误，经历一个从不完善到完善的过程，让学生最终能够运用正确的语言完成语言交际。

④交际教学法对母语语法的讲解、翻译等并不排斥。

（2）交际教学法的劣势

①交际教学法过分注重口头交际，必然会忽视语言知识的学习，语法学习也不够系统。对于如何培养学生的读写能力，交际教学法也没有给出具有可操作性的方案。同时，交际教学法在重视语言流利性的同时，忽视了语言的准确性。因此，从本质上来说，交际教学法存在着重视培养学生听说能力而忽视学生读写能力培养的缺点，因此很难为学生构建一个完整的语言体系，这不利于学生对语言知识的理解和掌握，也很难为学生的语言学习打好基础。

②实施交际教学法的首要目的就是对其他教学流派的缺点和不足进行弥补，但是在实施中并没有取得良好的效果。这是因为，交际教学法只是让学生单独对功能、情境、语言表达形式等加以记忆，学生学习缺乏系统性，知识点也比较零散杂乱。

③交际教学法以功能语言为基础，这就导致学生忽视了对语言结构规律的学习，学生习得语言只能依靠直觉进行模仿，因此违背了“学得”的理念。

虽然交际教学法存在一些缺点，但是其依据的主要理论是比较完善的，一些研究者也对这些理论和教学体系进行了研究，对该教学法进行了修正，因此当前的交际教学法还是存在着很强的活力的。

（二）任务教学法

为了解决教学过程中遇到的问题，教育学者都对自身见解与理论进行了完善优化，并在实践中加以验证。任务教学法是一种具有实践操作性的教学法，其核心理念是通过任务引领学生学习。许多教师将基于“任务”的教学活动视为“专门的训练”。

1. 任务教学法的实施步骤

任务教学法在实施过程中主要可以从以下三个阶段着手，其中每一个阶段都有其独有的教学目标和方法。

（1）任务前

任务前阶段的教学目的不仅是让学生将自身的已有知识激活，帮助学生构筑语言系统和思维方式，还为了让学生具备完成任务所需要的知识，减轻下一阶段的压力。其主要包含两个小阶段：一是任务准备阶段，二是任务呈现阶段。

首先，教师需要准备任务。具体应包含两方面的内容：一是作为任务参与主体的学习者所需获取、处理或表达的信息内容，二是作为任务参与主体的学习者获取、处理或表达这些内容所需的语言知识、技能或能力。同时，教师在准备任务阶段需要考虑任务的真实性和难度系数，避免出现事倍功半的结果。

其次，教师需要呈现任务。任务的呈现是指教师在教授新语言时需要向学生展示任务。此时，教师需要从学生的生活经验、学习经验出发，创设情境，从而激发学生的好奇心。在这一阶段，教师需要做的就是给学生提供与话题相关的情境及思维方向，并要求学生将新旧知识联系起来，调动学生的积极性，使学生愿意主动参与。①

（2）任务中

任务中阶段就是任务的实施阶段，是学生习得语言技能的阶段。在这一阶段中，任务的选择是非常重要的。教师选择任务的难度过高或者过低都不利于学生的学习。

在实施任务时，教师所采用的方式也是多种多样的，如小组形式、结对子形式等。其中小组形式是最常见的形式，在进行小组活动时，教师应对小组任务、个人任务都有明确的规定，并且给予学生恰当的指导。另外，为了鼓励学生，教

① 夏纪梅．“任务教学法”给大学英语教学带来的效益[J]. 中国大学教学，2001（6）：32—34.

师也应该以小组成员的身份参与其中，这样可以更好地了解学生的学习情况，以便进行监督和指导，从而保证任务完成的质量。

（3）任务后

任务后阶段主要涉及任务的汇报和任务的评价。

在完成任务之后，教师可以让小组代表汇报任务完成的情况。这个代表可以由教师指定，也可以由小组决定。当学生汇报任务时，教师并不是让其自由发挥，而是给予一定的帮助和指导以确保学生汇报得更加自然和准确。

当各个小组汇报完之后，教师应该对学生的汇报情况进行评价，指出每组活动的优缺点，并选出最佳小组。这不仅可以让学生品尝到成功的喜悦，也可以让他们认识到自己的缺点，同时也能够让学生对他人有一个理智、正确的认识和评价，帮助他们形成良好的评价思维。

2. 任务教学法的优势

任务教学法是在吸收多种教学法优点的基础上形成的，可以与教学中其他的教学法兼容。具体而言，任务教学法有如下几个优点。

①在任务教学中，学生在教师的指引下独立思考、积极参与，教师可以更好地调动学生的积极性，使其养成良好的学习习惯。

②在任务教学中，活动内容一般涉及面广、信息量大，有助于拓宽学生的知识面。

③在任务教学中，有双人活动和小组活动，每个学生都需要完成自己的任务，因此任务教学是面向全体学生的，有利于全体学生的语言知识的习得和能力的提升，促进全体学生的发展。

④任务教学法有助于开发学生的想象力和创造性思维，发挥学生的主体作用。

由于任务教学法的开放性以及自身的诸多优点，所以其在当前教学实践和研究中具有十分重要的地位。

第三节　系统功能语言学的外语教学应用

本节重点论述系统功能语言学在外语教学方面的实践应用，主要包括系统功能语言学指导下的听力教学应用——体裁法和系统功能语言学指导下的口语教学应用——体验文化教学法。

一、系统功能语言学指导下的听力教学应用——体裁法

现如今，体裁教学法被越来越多地应用到大学英语听力教学中，主要分为四个步骤进行，分别是语境创立、解构和建构语篇、独立分析及模仿使用。

（一）语境创立

体裁法听力教学模式的第一个重要步骤就是语境创立。在这一阶段，教师指导学生分析语境的两个层次，进而使学生获得语境知识。语境知识的获得成为后续语言知识习得的基础。语境的两个层次：一是与体裁相关的文化背景，用研究某一体裁的社会目的和社会定位来区分不同体裁类别；二是情境背景，与语域相关，语域又受语场、方式和基调的制约，其中语场是指文本与什么相关，方式即交流的渠道，基调即语篇制造者与语篇参与者之间的关系。

语境创立是一种大概的背景知识介绍，为即将开始的文本知识获取活动设定基本的情境。具体到英语听力教学中，这一步要求教师对听力材料进行详细的分析，包括文化和语言两个方面的分析。在文化方面，教师有必要对与听力材料体裁有关的社会、历史、风俗习惯等背景知识进行分析，使学生对这些背景知识有全面的了解。在语言方面，教师要分析体裁的图示结构，以使学生对这类文章的写作过程与特点有一个整体的了解，这也是教学的一个重点。

（二）解构和建构语篇

这是体裁法听力教学模式的第二个重要步骤。教师通过语篇模版来介绍语篇类型，着重强调语篇的社会目的及其是如何通过图式结构和语言学特征来实现的。学生将在有目的性的语言使用中获得语法知识。解构活动贯穿在整个文本中。

教师与学生共同完成同一语篇的构建。教师和学生先一起商讨意义，然后，学生开始尝试构建语篇直到可以独自操作。在本环节中，教师可将学生分为若干小组，播放同一题材的材料，然后让学生在小组中讨论这些材料的结构、语言特点等。其主要目的在于增加学生的参与程度。学生只有参与到活动中来，才能积极主动地进行思考、学习，从而对语篇有一定的了解。

（三）独立分析

这是体裁法听力教学模式的第三个重要步骤。小组讨论结束后，教师可让学生听某一题材的一篇典型范文，然后要求学生模仿教师在第一步骤中使用的方法，对语篇的文化和语言两个方面进行分析。这一步骤改变了教师垄断课堂的局面，为学生提供了充分思考的机会。

（四）模仿使用

这是体裁法听力教学模式的第四个重要步骤。学生通过自主分析掌握了材料的体裁特征后，教师可根据交际目的，选择社会公认的交际模式，让学生使用英语进行有效的交际，使学生在实际运用中牢牢掌握所学题材特征，学以致用。在具体的教学过程中，教师可根据实际情况对以上步骤进行调整，以取得最佳的教学效果。

实践证明，在大学英语听力教学过程中运用体裁教学法，通过对文章体裁、语境、文化背景、结构和语言特点的分析，可使教师掌握相对稳定、可借鉴的教学模式，全面理解文章，可有效提高学生的听力水平。此外，从长远来看，体裁教学法还能开发学生的创造性思维。

二、系统功能语言学指导下的口语教学应用——体验文化教学法

语言即文化行为，学习语言就是学习文化行为。体验文化教学法为学生提供了真实的语境，使学生通过亲身体验获得文化知识。体验文化教学法运用于英语口语教学中时，要求教师引导学生扮演不同的角色，以此形象地展现课文的内容。在系统功能语言学指导下的体验文化教学法，能够在实践教学活动中拥有更加生动的表达，更充分地发挥其独具特色的优势。

（一）教学特色

体验文化法口语教学模式注重在课堂教学中进行文化体验。教师可以借助有感染力的话语、现代教育技术，创设生动、逼真的教学情境，使教学内容形象地呈现，这样学生不仅能理解课文的内容，而且能亲身体验文化行为，最终掌握目标语言。例如，英语礼貌用语“sorry”在不同的情境中有不同的内涵，教师可以通过构建一个体验框架来解释这一语言行为的意义，帮助学生形成深刻记忆，以便他们在未来可能遇到的情境中得体地表达自己。

（二）课程类型

体验文化法口语教学模式聚焦于文化规范及学生真实交谈技能的发展，因此需要两种类型的课程，即理论课和实践课。实践课是体验文化教学法的真正重点，理论课为之提供必要的辅助。

在理论课上，教师要引导学生进行语言和文化方面的讨论，可以从词语文

化和话语文化两个方面进行。词语文化主要包括习语、词语在文化含义上的不等值性，字面意义相同的词语在文化上的不同含义，以及民族文化中特有的事物与概念在词汇语义上的呈现；话语文化主要包括话题的选择、语码的选择、话语的组织。通过这两个方面的文化导入，学生会更好地理解文化对语言的影响和制约。

在上实践课的时候，教师需要营造特定的文化氛围，让学生能够真正地体验到在目的语言文化中可以体会到问候或者道歉等各种行为。老师应该尽可能借助学生的目的语言来进行课堂授课，这是因为语言学习的终极目标是使学生能够在目的语的氛围中熟练使用目的语进行交际。

（三）基本程序

体验文化法口语教学模式的核心是在目的语环境中学习语言和文化，并经过反复演练将其存储到长期记忆中，使学生将来在目的语环境中能正确判断他人的意图，然后将记忆中积累的语言和文化调出来，进行得体有效的交际。因此，体验文化法口语教学模式应该包含以下三个基本步骤。

1．构建语境

教学法的核心在于建构建适当的语境，这有一系列的实施步骤。首先，我们需要对教学的工具进行精心选择，并对教室进行布置，确保所选的工具能传达清晰简洁的信息，选择的图像和图示需要易于理解。这将会更好地模拟实际情境，更容易让学生在学习中感受到真实的沟通与互动。重视语境的真实性的同时，也要重视任务的真实性，要考虑学生是否有机会遇到类似的场景，操练的内容一定要与实际生活相联系，这是对生活的忠实呈现，故事情节的发展应该遵循由容易到困难，再回到简易的规律。其次，老师应协助学生建立一个全面的语境，包括背景设置、任务情境及角色呈现。最好的方式是鼓励学生先练习他们已学的语言，构建实际交流的环境。

2．变更语境

之所以要变更语境，主要有以下几点理由：语言和行为随着语境的变化而变化；学生需要具备识别语境的能力，才能应对未来复杂多样的语境；课堂语境无法涵盖所有真实语境，学生要学会如何将所学的知识在新的语境中加以应用。语境的变更要逐步进行，并且清楚、简单、真实。

更改语境不是随意的行为，而要遵循一定的方法，这些方法包括：替换，让学生学习新的词汇或句型；扩大对话练习，培养学生口语交流流利程度；更换身份，如换职务等，锻炼学生的应用能力。

3. 反馈信息

首先，趁学生对场景和自己的练习有记忆之时，教师要给予及时、清晰的反馈。此时，教师要培养学生获得反馈信息的技能，以便于学生知道具体的错误信息并知道如何改正错误。其次，教师要让学生了解自己的情况，并督促学生进行下一步的学习。

（四）基本方法

1. 运用丰富多彩的教学资料

通常情况下，统一的口语教材大多强调传统的文化交际内容，与实际不断变化的口语交际文化有些不协调。实际口语交际文化具有很强的实践性，而且涉及的文化范围十分广泛。这就要求教师要拓宽教学内容的范围，运用丰富多彩的教学资料，激发学生的表达意愿。具体来讲，教师可采用固定教材与补充资料相结合的方法，以克服教材单一的弊端，并通过补充资料使学生接触更加丰富的口语知识，进而从真正意义上培养学生的口语交际能力。

2. 培养学生的文化差异敏感性

在口语教学中培养学生的文化差异敏感性非常重要，它是提高学生口语交际能力的关键。而要想提高学生的文化差异敏感性，就要让学生了解多样化的文化种类，使学生对各种文化有一定的了解，逐渐消除文化成见对他们的消极影响。这就需要教师收集大量的典型信息，借助语境化的材料，将抽象文化与具体文化结合起来，并通过对比的方法培养学生中西方文化差异敏感性，进而为学生的口语交际奠定基础。

3. 频繁进行口语演练

要想提高学生的文化差异敏感性，就要让学生频繁地进行文化体验，因此教师要让学生参与形式多样的学习活动和练习活动，不断加强他们对中西方文化差异的把握。在具体的练习活动中，教师要遵循由易到难、从具体到抽象的原则，不断增强学生的自我效能感。在练习过程中，学生可以组织双人或小组对话，认真观察同伴的应急反应，并及时作出纠正，如初定的对话场景是朋友之间打招呼，如果缺乏对文化差异的深度了解，谈话的主题很有可能会转移到年龄、职业等西方人敏感的隐私话题上，此时学生之间可以相互提醒和纠正，使学生在锻炼口语能力的同时，也对文化差异有更深入的了解。

4. 通过多种渠道提高口语能力

为了提高学生的口语表达能力和跨文化交际能力，教师可以通过多种渠道、多种手段，使学生体验、吸收不同民族的文化特点和差异。其中，欣赏影视作品就是加深文化了解的有效手段。影视作品作为一种直观有效的信息载体，可以带给学生一种震撼，能充分调动学生各方面的感官。同时，学生还可以根据电影中的内容进行口语模仿。由此可见，欣赏影视作品一方面能激发学生的积极性，另一方面能更有效地提高学生的口语表达能力。

综上所述，本章为系统功能语言学与教学应用研究，对于其在教学方面的相关研究及应用——体裁法与体验文化教学法，进行了分析论述。

第四章　心理语言学理论及应用研究

心理语言学是一门在心理学和语言学的边缘上产生的学科，它以语言的心理过程为研究对象。本章的主要内容是心理语言学理论及应用研究，分别从两个方面进行相关论述，依次是心理语言学的理论知识和心理语言学的实践应用。

第一节　心理语言学的理论知识

本节内容为心理语言学的理论知识，主要包括语言学和心理学的联系、心理语言学的研究方法。

一、语言学和心理学的联系

从语言学的角度看，语言学是研究语言的，但是研究取向可以略有不同。一种取向是把语言看成一个系统，现代语言学之父索绪尔把它称为“语言”，指的是语言知识、语言系统、语言规则，它是抽象的、隐含的、无时间性的；另一种取向是把语言看成一种行为、一种能力，就是“言语”，言语是具体的、明示的、有时间性的，它是语言知识、语言系统、语言规则的具体执行和运用。话语属于言语，应该和语言中的“句子”区别开来，它是能实际听到的，能录下音来的，而句子则是抽象的、隐含的、无时间性的。在英语和汉语里，language 和“语言”都是名词，没有相应的动词，我们只能说，“他懂汉语”（He knows Chinese.）；而 speech 和“言语”却有其对应的动词——speak 和“说”，所以我们可以说“他说汉语”（He speaks Chinese.）。一般来说，我们都懂得（虽然不一定是明示的）自己的母语，而且也能说。对非母语的另一种语言来说，“懂”和“说”则不完全相同。有些语言学家可能懂得十来种语言，但却不一定都能说这十来种。这就是说，他具备这些语言知识，却不一定有使用这些语言知识的能力。语言和言语是语言学要关注的两个方面，相当于一个钱币的两面。不懂得语言（系统），就无从研究言语。相反地，要研究语言又离不开言语。如果说有所侧重的话，理论语言学是研究“语言”的，而心理语言学则是研究“言语”的。在一般的情况下，我们并不会明确地区分“语言”和“言语”，而是笼统地把两者结合起来，称之为“语言”。因为有些时候也不容易把它们区别开来，如语言理解和语言产生，既牵涉到具体话语的理解和产生，又牵涉到对语言系统的知识和规则的掌握。

心理学是一门关注人类思维、情感和行为表现的学科，它以心理过程为研究对象。心理过程常常无法直接显露，只能通过其他相关的方法来间接探究。在这方面，语言行为被视为一种至关重要的研究手段，使我们能够观察和理解心理过程。西方有人认为“语言是打开心智的窗户”，我国有“故言，心声也”的说法。早期的联想主义心理学家通过词语联系实验来了解人们从一个事物的概念联想到另一个事物的概念的心理过程。心理学家对儿童在成长过程中词汇和认知能力的增长的关系更感兴趣。

由此可见，就语言的学习和使用而言，语言学需要心理学——研究其心理过程，而心理学也需要语言学——研究其言语行为。心理语言学就是这种天然的联系的产物。

二、心理语言学的研究方法

心理语言学的研究方法在很多地方借鉴了心理学的心理测量方法。这种方法主要用于测量知识、能力、态度和个性的倾向。心理语言学研究的对象，如语言的习得、学习和使用的心理过程所提出的种种理论都必须经过系统的自然观察法或实验法的验证，才能明确其是否合理科学。

（一）自然观察法

自然观察法是心理语言学研究采用的一种方法，因为有些言语行为是自然产生的，只好在它出现的时候加以观察。

自然观察法的第一个特点是不干预性，观察者对所观察的对象必须进行客观的记录，不能带有任何主观成分。

第二个特点是寻找事物的规律性，从个别的、随机的行为中找出事物的客观规律。

第三个特点是直观性，直观比臆断可靠，但很多心理活动不能直接观察，必须根据人们的外部行为来推断其内心活动。

第四个特点是收集数据旷日持久，要花费很多时间和精力才能找到相关数据。

（二）实验法

实验法是心理语言学研究采用较多的一种方法。实验法也就是自然科学研究采用的方法，它和自然观察法不同，主要体现为控制的理念和方法。实验法要求有实验组和参照组，并对其进行对比观察。任何一种行为（词汇量的增长）都是各种因素相互作用的结果，为了弄清楚这些因素的不同作用，我们就必须把各个因素控制起来，即让它们在实验组和参照组中基本一样，再专门调整某一个因素，即对它进行系统的改变。例如，年龄这个因素有不同的水平和发展阶段：儿童、青少年、成人……我们就通过实验法比较不同组别的词汇量增长的情况。随着现代科学技术的发展，在观察语言心理过程时，心理语言学开创了不少颇具特色的实验法，具体有以下几项内容。

①采用“在线”的方法，收集潜伏性（反应时的）数据来了解被试者处理语言的速度；过去要使用专门的仪器，而现在，在普通计算机上使用专门的软件就能收集到。

②采用再现或再认的方法来了解刺激保存在工作记忆里的情况，以观察语言处理的成果。

③采用控制输入形式的控制方法，对刺激进行干扰，甚至歪曲，以了解语境对重建丢失信息的作用。

④采用简单的戴在头上的眼动仪来观察眼睛固视情况，以了解被试思维活动。采用双耳实验的方法，让被试者通过耳机的两个频道听到不同的信息，以了解句子听辨的过程。

⑤采用有声思维的办法，让被试者口头报告他们在完成一项作业时的思想活动过程。

⑥采用计算机模拟的方法，把某些理论和模型程序化，然后再把得出的结果和实验的结果进行比较，从而验证这些理论和模型的真实性。

⑦采用电子大脑照相术的测量方法以直接观察大脑对词语刺激的反应。

（三）统计法

自然观察法和实验法所得到的结果必须客观地报告，这就需要用到统计手段。世间一切事物都充满了不确定性，所以统计学的基础是概率论。统计法有两大类。

一类是描写统计，如一次投票的结果必须统计，多少人赞成，多少人通过，通过率的百分比是多少，一个班的期末成绩也要统计，平均分是多少，及格率的百分比是多少。另一类是推断统计，我们的实验都是在一定范围内进行的，但是其目的并非简单地描写这些样本，而是想了解这些样本的结果是否具有普遍意义，那就是从样本推断总体。我们在一些实验报告里往往看到 $p \leqslant 0.5$ 这样的符号，这说明实验者已经使用推断统计学的方法算出实验的偶然性的机会低于 5%，它的结果在 95% 的情况下是可靠的，因此具有显著性意义。

除了了解实验的普遍性，我们通常还需要深入了解事物之间的规律、结构和形式，还要了解多个变量之间的相互联系。为了进行准确的数据分析，需要采用多种不同的统计方法，如方差分析、回归分析、聚类分析、多维度量表、结构方程模型、神经网络方法等。鉴于这些计算方法过于复杂，因此需要借助现有的计算机统计软件来进行数据分析。要精通统计学方法，需要深度掌握其基本原理，这样才能在实际应用中明智地选择最适合的方法，避免方法的误用和滥用。

第二节　心理语言学的实践应用

本节主要介绍心理语言学的实践应用，包括阅读的眼动行为控制和婴幼儿的语言学习两个方面。

一、阅读的眼动行为控制

越来越多的心理学家对语言加工产生研究兴趣，他们在研究信息加工时，更倾向于使用眼动数据。因为眼动方法在语言理解研究方面得到了广泛应用，而且被认为是最佳方法之一。相对于其他技术手段，使用眼动数据进行研究可以给出更加真实的在线研究方法，以便更深入地探讨心理语言学领域的重要问题。以下主要对阅读的眼动行为控制进行相关论述。

（一）知觉广度问题

读者的每个注视加工了多少信息？有效视区的大小是多少？这些问题与视敏度有关。对于英语读者来说，大多数有用的信息限于中央凹区及外周中央凹区，相关学者使用了与凝视相关的显示变化模式证实了这一点。采用这种技术可以精确控制读者可利用的全部信息量，或者在对一个目标词语中间跳读改变一个前视词语时可以精确控制具体区域的信息量与信息类型。

相关实验结果表明，对于英语读者而言，可感知的有效视区在注视词开始的地方，向左延伸 3～4 个字符空间，向右延伸 14～15 个字符空间。另外，读者无法从所注视的行以下区域获取有效信息。假如我们把感知范围看作一个宽度，那么最右边的信息通常都不够详细。因此，我们当前所关注的词语识别范围也会有一定的限制。

这个区域的大小随着阅读课文的变化而变化，右边的注视一般不多于 7～8 个字母。词汇识别广度是有限的，这非常有利于使用眼动来探讨联机的语言加工。如果读者可以从自己注视点周围的广泛范围加工词语，那么便不难知道哪些词语在什么位置、什么时间进行加工及眼动便会特别用于哪些研究语言加工；如果读者加工正在注视的词语，那么就很容易知道在什么位置、什么时间正在加工什么东西。但是实际上很难做到，当注视一个词语时的许多加工就是针对所注视词语的加工，特别是从这一加工出现到决定移动至课文内下一个词语之前。

（二）整合跳读之间的信息

在一个注视里读者没有获得一个组块的信息，也没有在下一个注视里获得另外一个组块的信息，从一个注视到下一个注视的信息存在着重叠，就是说他们通常会从这个词语到右边当前注视的词语范围内获得有用的信息，这一信息用于随后的注视。

研究进一步发现了以下几种水平的加工与词语的前视有关。

第一，在许多注视之间视觉信息不会得到整合，因此，一些字母从一个注视转变到下一个注视时，读者注意不到这一变化，但这对他们的阅读也没有影响。

第二，语义信息不是前视效应的基础，如启动词作为外周中央凹目标词的前视不会产生阅读的前视利益。雷纳等人的研究发现，相同的一些词作为外周中央凹区启动词是无效的，但是在启动词与目标词都呈现在中央凹区时会产生强烈的启动效应。

第三，词形信息也不是好的潜在成分来促进前视利益。

第四，字母信息很重要，如米勒等人发现具有早期拼字独特点的词与具有末期拼字独特点的词相比较而言，产生的外周中央凹区前视利益较低，而且注意到结尾字母的信息不及开始字母信息那样重要。此外，有学者发现了字母信息的重要性，就是说发现了颠倒顺序的字母（将 judge 写成 jugde）比替换字母（将 judge 写成 jvbge）提供了更多的前视利益。

第五，在整合注视之间信息的过程中音码也很重要，如有学者研究发现，目标词的相同音素作为外周中央凹区的前视时加快了目标词的加工进度，这种促进作用大于拼字地相关的前视。总之，外周中央凹区前视利益的基础就是抽象字母码与音素码的一种结合。

（三）眼动控制

眼动控制有两个成分：一是什么决定下一步看什么地方，二是什么决定何时移动眼睛。相关学者在其实验研究中以单个注视随机改变课文的物理特征，课文的眼动行为反映了当前注视所看见的东西。在一项实验中随机改变正常课文的窗口大小（对于第一个注视，窗口的大小可能是 9 个字母，对于第二个注视是 31 个字母，依此类推），相应地也改变了跳读的长度；在另一项实验中在开始注视之后由掩饰延误中央凹区的课文（延误的时间以单个注视的变化），相应地改变了注视时间。

关于什么决定下一步看什么地方。低水平的信息是这个决策的主要决定因素。当空间信息缺乏时跳读比较短，读者需要更加小心地移动自己的眼睛。即将来临的词的长度也很重要，虽然眼睛着陆于词汇的位置有一些变化，但是读者倾向于先注视这个词的开头与中间。与人们直觉相反的一项研究表明，当读者的注视一开始着陆于词的中间时比着陆于词的结尾时注视得更长，有关专家认为，这种颠倒的最佳观察位置效应主要是由于找错位置的注视引起的。另外，词的跳读主要受到词的长度的影响，因为短的词更可能被跳读过去。语言变量中的背景限制和词频也强烈地影响着位置决策，影响着是否可以跳读一个词。具有很大预测性的词也更可能被跳读过去，但是对眼睛着陆的词很少有背景限制的影响，常见的词也容易被跳读，只是词频效应不及背景限制那样强烈。

相关研究学者认为，跳读词是因为在先前的注视中这样的词已经被识别过了，证据表明在跳读之前的注视常常被夸大了，因此，低水平变量主要决定注视下一个词的位置。如果在当前注视中识别了注视右边的词，这样的识别便会决定下一个目标是哪个词。

关于什么决定何时移动眼睛主要取决于信息进入加工系统的速度。有专家认为在一个掩饰模式替代整个课文之前，如果呈现课文的每个注视需要至少 50ms，那么阅读便正常进行。最近，其又认为在注视的词消失或者掩饰之前，如果课文呈现 60ms，那么阅读进行得相当顺利。专家发现注视词的频率强烈地影响着眼睛注视的时间，此时如果这个词在 60ms 之后消失了，与这个词没有消失时产生的影响一样强烈，这有力地表明认知过程与理解所注视的词有关，是驱动眼睛阅读整篇课文的主要力量。

（四）加工时间的指标

最常用于研究加工时间的测量指标与已知的目标词有关，如第一注视时间（一开始注视一个词的时间）、单个注视时间（只有一个注视集中于一个词时注视这个词的时间）及凝视时间（在移向另一个词之前所有注视的时间之和）或者第一轮阅读时间，另外也常常使用注视一个词的总时间（所有注视的时间之和，包括回视时间）。除了第一轮阅读时间的这个变量之外，涉及具体目标词的研究也报告了溢出时间（在目标词之后注视词的时间）、注视词的概率、重新注视词的概率（在开始注视之后再注视词的时间）及从词回归和又回归到词的概率。另一个变量是"去—过时间"即从开始注视词（包括回视）直到注视这个词的右边为止，这个变量不仅包括第一轮时间，也可以解释为第一轮阅读目标词直到成功与后续背景整合为止所需要的时间。

第一注视时间、单个注视时间及凝视时间都是研究词的识别时间过程的测量指标，同时在测量加工中广泛使用的各种指标与较大的课文区域有关。在大多数研究中识别的课文关键区通常由 3～4 个词汇构成，能测量读者阅读兴趣区所需要的时间。标准的指标是"第一轮阅读时间"（从一开始进入一个区域到离开这个区域所有注视时间之和）、"去—过"或者"回归路径时间"（从一开始进入一个区域的所有注视时间之和，包括任何回归，直到移向这个区域的右边为止）、"回归走出"（回归走出一个区域的概率，一般限于这个区域的第一轮阅读时间）、"第二轮阅读时间"（在开始第一轮时间之后一个区域所有注视时间之和）及"总的阅读时间"（一个区域向前运动和回归运动的所有注视之和）。有时也报告第一注视时间，特别是在这个区域较短时或者在研究者感兴趣于先前区域的溢出效应时，但是这些区域如果比较长且无歧义材料不包括在初始的注视中，第一注视时间便不合适采用了。

一般将第一轮时间称作早期的指标，有时也将"去—过"与"回归走出"的指标作为早期指标，有时也作为晚期指标。第二轮时间与总时间称作晚期的指标，出现回归概率反映了较难整合受到注视的一个词，这是早期效应，但是克服这一难度的操作出现在加工的晚期。有学者认为这些早期和晚期的术语容易将人搞糊涂，应该直接说成第一阶段与第二阶段的加工过程。认真地研究这些效应何时出现便能够深入理解这些基本过程，仅仅出现在晚期指标中的效应实际上不可能直接反映第一阶段的过程，而出现在早期指标中的效应可以反映的过程出现在句子加工的初始阶段，至少如果这些指标具有足够的暂时解决能力来区分一些快速完成的不同过程。理想的情况是兴趣区尽可能是由相同的词构成的，但是在心理语言学的实验中这是不可能的，研究者常常被迫通过改变一些具体的词汇或者词汇数目来比较一些条件，这样的话，回归指标的差异一般用于矫正长度差异。

（五）词汇识别

在研究眼动与阅读中得出的最重要的结果之一就是在阅读期间与理解词汇有关的难度明显地影响读者注视这个词的时间。下面说说词汇难度、背景限制、意义的数目（词汇歧义）、语音编码、词汇之间的语义关系、词形效应及概率效应的研究成果。

1. 词汇难度

大量的研究探讨了在有无背景的条件下单个词难以加工的因素。评价词汇难度最常使用的标准指标就是词汇频率，根据成人阅读材料的语料库来判断词频，在阅读中词频影响着读者注视一个词的时间长度。评价词频效应的一个问题就是它与其他变量密切相关，特别是与词的长度有关，如有学者操作了词频同时控制了词的长度，结果表明频率对注视词的时间具有强烈的影响。频率的大小一般会将第一注视时间从20ms变化到40ms，凝视时间从30ms变化到90ms，这与刺激实际频率的差异大小有关，后来大量的研究表明这是由于频率效应对注视时间测量指标产生了影响。另外，还有一个有趣的研究结果是当重复短文的词汇时，频率效应便减少了，通过三次呈现高低频率词汇，二者之间的差异便不存在了，就是说高低频率词汇的注视时间随着重复而减少，且低频率词汇的减少程度更大。

词频是影响加工词汇难度的唯一变量吗？显然，当字母更难编码时人可以操作字母的能见度，变化字母的大小增加注视时间。但是还有其他一些深层次的变量吗？有些研究表明还有比频率更复杂的东西，这类研究让一组被试者以感知的熟悉程度来评定词汇，在另一组被试者阅读的课文中根据主观频率与评定的熟悉程度来匹配目标词。这些实验清楚地表明当控制频率一定时熟悉程度会影响注视词汇的时间，因此，除了频率之外还有可操作的东西，人想知道主观变量是什么，为什么会引起熟悉程度的差异。还有一个变量是获得时间，即一个人可能具有首先遇到的一个词的时间，获得时间受到语料库或者主观评定的影响，影响着加工一个词需要的时间长度。

这种效应提出了以下几个问题。

第一，获得时间仅仅是累积的频率效应吗？就是说获得时间的度量指标只是比标准频率指标更好的一些指标，以说明人是否更常看见课文中的一个词。

第二，有些效应，如熟悉程度效应，是否只是由于获得时间而引起的，对此没有清楚的答案。

第三，是否还有其他一些被混淆的变量。一个明显的变量就是词汇的具体性，因为早期获得的词汇倾向于具体的词汇而晚期获得的词汇倾向于抽象的词汇。

第四，获得时间也可能与口语的词汇频率混合起来，如果语音编码对于阅读很重要，那么这可能又是一个重要的变量。

2. 背景限制

在操作预测性的研究中首先准备了句子背景，这样，有些目标词或者可以从背景中预测，又或者不可以从背景中预测，然后进行评定，评定的结果用于测量预测性，即先前的背景在多大程度上限制一个已知的目标词。许多研究表明，根据先前背景预测的词汇比不能预测的词汇需要更少的时间来注视，如埃尔利希和雷纳首先研究了背景限制对注视时间的影响。基本的结果已经被证实了许多次，就是说高预测词比低预测词的注视时间更短，读者更常跳读高预测词而更少跳读低预测词。关于预测性的问题是它是否仅仅是由于主观过渡概率引起的，即课文中一个已知的词后面跟随着另一个词。麦克唐纳和希尔科克发现，具有高过渡概率的词（失败跟随着接受）比具有低过渡概率的词（损失跟随着接受）接收了较短的注视时间，但是弗里松等人后来发现，预测性的差异不是由于过渡概率引起的。一项严密控制项目的实验仅仅发现了预测性效应但是没有发现过渡概率的效应，这表明课文词汇之间的相关性具有很小的影响，除非人会意识到这样的相关性。另外，预测性效应在眼动记录中很早就可以检测出来，也可以在限制较弱的背景之间检测出来。

3. 意义数目（词汇歧义）

词汇具有的意义数目影响注视词汇的时间。雷纳和达菲等有关学者最早研究了这种词汇歧义效应，后来让其他人重复验证了许多次，基本的研究结果是在中性的背景中遇到一个平衡的歧义词时，与另一个歧义控制词相比，读者注视这个词的时间更长，而注视一个有偏向的歧义词需要的时间较短，在前一种情况下两种意义存在着某种冲突，但是从属意义没有出现在后一种情况当中。这个结果表明，如果随后无歧义区表明从属意义是不想要的，那么便会干扰阅读；相反，当无歧义信息位于歧义词之前，与控制词相比，读者不会更长地注视这个平衡的歧义词，背景显然提供了足够的信息来控制读者理解背景合适的意义，但是在有偏向的歧义词情况下背景具体说明了从属意义，读者便会更长地注视这个歧义词，这一效应称作从属偏向效应。有专家最近发现，直接位于目标名词之前的形容词就是一种产生这种效应的必要背景。

上述所有实验涉及歧义名词。专家发现句法类概念歧义（trains 可以是名词也可以是动词）产生了延误的效应，注视目标词的时间差异没有出现，但是在产生一种意义或者另一种意义之前，如果加工系统试图获得其他的信息便会产生延误。有学者发现，对于具有两种意义的动词，动词意义歧义的消除被延误了；也有学者发现与具有两个不同意义的名词相比，具有许多不同意义的名词都产生了延误效应；还有学者发现文学语言中的比喻词具有不同的表达形式。引起这些不同形式结果的原因目前还不清楚，但是都表明词汇歧义会影响加工课文词汇所需要的时间。

4. 语音编码

语音歧义的词比无歧义控制词和有两个不同拼写的词具有更长的凝视时间，即第一轮阅读时间，但是相同的发音和两个不同的意义如 beech-beach 和 shoot-chute 也比控制词汇具有更长的注视时间。另外，如果背景高度受限时读者也常常将词的低频词错误地解释成高频词。前面提及的结果也表明与匹配的拼字控制词相比，同音目标词的外周中央凹前视可以提供更大的前视利益，这表明语音编码出现得较早，甚至出现在注视一个词之前。最近，有关专家发现词汇重音影响读者注视一个词的时间长度，他们还发现内隐的音韵结构也是一个影响因素，可以影响读者注视一个词的时间长度。

5. 词汇之间的语义联系

语义相互联系的词产生的影响类似于语义启动效应，因此，词 king 的语义非常接近于词 queen，注视 queen 的时间要比在相同位置注视无关词时间短。有专家发现这样的启动效应只会出现在两个词都是相同的句法成分之时，但是也有其他专家发现了不同成分之间的启动效应。他们认为这一促进作用部分地依赖于目标词的语义联想词是否位于语言焦点。也有一些重复的效应会影响阅读的注视时间。另外，有些研究表明各种具体语义加工会影响词汇的阅读时间，有一些研究学者分析了读者的眼动效应，此时背景迫使没有内在时间成分的名词解释成了一个事件，如短语 finish the book，他们发现注视关键词汇的“去—过时间”增加了或者注视下一个区域的“第一轮时间”增加了。弗里松等研究学者发现，当不可数名词与复数名词一起出现或者可数名词以单数形式与复数限定词一起出现时，注视关键词汇的第一注视时间便增加了。

6. 词形效应

词汇识别的大多数研究一般涉及单一词形的词汇，这一传统主要真实地反映了眼动与词汇识别的研究。但是最近许多研究检验了加工词形复杂的词汇，主要涉及芬兰语词汇的加工，如有学者发现两个成分复合词的第一、第二成分的频率很大地影响长复合词的凝视时间。但是对于较短的复合词，第一个成分的频率效应减少了，同样，对于具有相同长度的英语复合词也出现了较少的成分频率效应。与此同时，其他学者发现类似长度模块的成分频率效应也出现在加前缀的英语词汇中，就是说他们发现了加前缀词的变体频率效应，加前缀的词越长，这种效应越强。有研究人员最近发现语义透明度（成分的意义是否与词汇意义有关）对芬兰语复合词的注视时间没有影响，但是有其他学者在研究英语时获得了相反的结论，他们发现了透明度对凝视时间的影响，而弗里森等人没有获得这一影响。与这些研究一致的是对于透明复合词与不透明复合词，他们获得了词形分解的证据，因为这两种情况存在着第一成分的频率效应。

7. 概率效应或者反常效应

概率的操作广泛地用于句子分析的研究背景。在一定程度上概率效应或者反常效应直接影响眼动，如雷纳等人让被试者阅读下面的句子：“John used a knife to chop the large carrots for dinner last night.”（昨天晚上约翰用刀了剁碎了大胡萝卜做晚餐），“John used an axe to chop the large carrots for dinner last night.”（昨天晚上约翰用斧子剁碎了大胡萝卜做晚餐）和“John used a pump to inflate the large carrots for dinner last night.”（昨天晚上约翰用打气筒给大胡萝卜充气做晚餐）。第一个句子是正常的控制条件，第二个句子有点儿不可能，第三个句子产生了一个反常的情境。这三个句子的目标词都是 carrots。他们发现第二个句子只引起了轻微的阅读干扰，一般出现在注视目标词之后。第三个句子引起了直接的干扰，但是这种干扰在加工目标词中出现得相当晚即出现在第一注视之后，结果表明默认的阅读情境就是让词汇过程驱动眼睛来阅读课文的，但是当有东西没有在较高水平加工（针对反应句子）时，较高层次的过程便可能会干扰并引起眼睛较长地注视于目标词。当然，现在还不清楚的是如何客观地解释不可能的句子背景与反常的句子背景之间的差异。

8. 除了英语之外的其他语言

上述讨论主要针对英语使用者的研究结果，实际上有些研究使用了其他语言。书面语言系统的特点可以有效地影响眼动，下面说说希伯来语和汉语。希伯来语比英语包装得更加严密，因为对于有技能的读者来说，它系统地删除了元音，功能词汇依附于内容词汇的结尾，而且从右向左印刷。对于希伯来语读者来说，这两个事实产生的知觉广度不对称的存在于注视的左边且小于英语读者，但有趣的是词形很少影响英语读者的前视利益，希伯来语读者则表现出了词形的前视利益。以希伯来语研究的词汇变量产生了类似于英语的结果，希伯来语读者表现出来的系统着陆位置效应类似于英语的系统着陆位置效应。汉语明显地比希伯来语包装得更加严密，产生了非常小的知觉广度。当阅读从左向右进行时，从注视左边的一个汉字扩展到右边的 2～3 个汉字，比英语地跳读更短。不像英语那样，大多数汉语词汇由两个汉字构成。最近的研究表明,汉语读者表现出了频率效应和预测效应，这可以与英语读者进行比较。

如上所述，研究人员讨论了与词汇识别机制有关的一些变量如何出现在眼动记录中。基本的假设是一些词汇因素起着重要的作用以影响眼睛何时运动，有些影响无疑与词汇后加工有关，这提出的问题是词汇或者后词汇加工或者二者一起加工是否涉及决定眼睛从一个词移向下一个词。许多效应反映了词汇加工，眼动控制的大多数成功模型都假设读者注视一个词的时间长度受到评价这个词意义难度的影响。词汇频率与词汇预测性都是主要的一些指标，都可用于这些模型来预测注视时间。词汇加工就是驱动眼睛的引擎，当某种东西不加工时较高层次的效应最可能产生影响。下面说说较高层次变量的作用。

（六）句法歧义

上述罗列的变量表明，词汇加工或者词汇因素会影响阅读期间的眼动，使读者脑海中出现了一幅相当清楚却不完整的画面。对于较高水平的一些因素出现了不同的情况，根据句法歧义与话语水平的许多变量如何影响眼动的研究结论可以发现，这些变量的作用具有很大的变化。下面先说说句法分析与句法歧义的一些研究。

眼动与句法歧义的研究在发展句子加工理论过程中发挥了重要的作用。最早的句法分析与句法歧义眼动研究认为，句法因素可能明显地影响读者的眼动，相关专家检验了下面的句子："Since Jay always jogs a mile and a half (this) seems like a very short distance to him."（因为杰伊总是慢跑一个半英里，这对于他来说似乎距离短了点儿）和“The lawyers think his/the second wife will claim the entire family inheritance（belongs to her）.”（律师认为他的第二任妻子会请求全部家财继承）。结果表明第一注视无歧义区的时间更长一点儿，此时暂时歧义被消除了以便支持无偏向的阅读，这一干扰持续到了随后几个注视，增加了回归的频率，因此，眼动为探讨句法花园路径现象提供了一个清晰的窗口。

相关研究分析表明，在非生物主语条件下回归的增加依赖于花园路径现象，同时这些回归相当少见，不到测试的13%，就是说花园路径现象实际上反映的眼动事件出现在少数测试中。在非生物主语条件下的大多数测试中，眼动不受暂时歧义的影响，相同的情况也可能出现在生物主语条件中，即第一轮注视时间增加是由少数测试的暂时歧义引起的，这与词汇频率对注视时间的影响形成了明显对比。句法花园路径现象的已有研究没有提供大量句子的数据来进行有说服力的分析，这对于研究者来说仍然是一个问题，因为需要设计一种方法来质疑第一轮的阅读时间是否一般地或者特殊地增加了，以便消除花园路径现象歧义。

如上所述，我们讨论了使用相同操作进行句法分析的两个研究中存在的一种差异，获得了不同的结论，这依赖于采用了哪种眼动指标。我们认为这不是一种独立的现象，一种特定的效应何时出现在眼动记录中主要依赖于这种操作的精确特征及研究中出现的歧义类型。根据这些词汇歧义消除的研究结果得出了两个问题，一个问题是呈现两个可能的句法分析是否减缓了阅读，类似于何时会减少阅读时间，此时一个词具有的两种意义是否大致具有相同的频率；另一个问题是眼动如何受到影响，此时随后的材料显示读者对句法歧义的初始分析是不正确的。有趣的是大多数句法歧义研究没有报告歧义本身的阅读时间统计显著效应。有些研究发现事实上歧义区比无歧义区阅读得更快。总之，几乎没有证据表明句法歧义本身会引起阅读减缓，在有些情况下歧义产生了更快的阅读时间，读者没有平行地考虑许多句法分析，或者就算考虑到了，这些分析之间的竞争却没有干扰加工。这一结论与加工词汇歧义的一些研究结论进行了比较，结果表明许多词义之间的竞争减缓了阅读。

眼动数据用于人类句法分析者有偏向地分析许多类型的暂时歧义的研究过程中。按照歧义类型组织的广泛罗列参照研究出现在克利夫顿等人的研究报告中，他们发现在反证初始句法分析时眼动记录中存在着可靠的干扰信号，这都有可能是通过测试敏感的语言复杂假设来研究句法分析者如何形成这一初始分析及影响这一分析的一些因素。眼动数据有助于揭示句法分析者决定长距离依赖性的一些策略，就是说一个短语远离一个成分但是要获得它的主题角色，如 which boy did the teacher reward（老师奖赏了哪个男孩）这个句子中的 which boy 是动词 reward 的宾语，这揭示了一个短语的状态可以作为一个动词的中项或者助词。目前还没有解决的问题是，在什么情况下无歧义会产生向前跳读地减缓、回归眼动或者二者兼具。一些研究学者发现，当读者进行回归眼动时他们并没有随机地这样进行，这些回归所到之处反映了某个意识点，说明了读者的初始分析不同于正确的分析。

眼动数据让研究者清晰而直接地探讨了阅读的早期阶段，这是其他的技术手段不能替代的。克利夫顿等学者报告的观察表明，一个已知的操作不同时期会产生不同影响，影响而变化较大，这是因为所用句法结构的类型不同。他们认为，眼动数据表明了许多句子理解几乎都是瞬间的（在遇到一个关键词之后在一个注视左右之内），正如句法反常或者语义反常的效应所示或者恢复于花园路径的复杂性效应所示。眼动数据也表明，句法知识及某种语义的、语用的和真实世界知识在注视期间的影响就是为这一知识提供通道的短语，这方面的研究也表明这些类型知识的效应比词频和词汇歧义具有的效应更加可变，甚至更加短暂。目前存在一些基本问题，如高水平的知识是否不断地影响注视时间或者仅在较短时间内影响注视时间，一种知识如何模块化另一种知识及这样的模块化反过来是否受到读者能力与策略差异的模块化都没有达成一致。总之，与控制词汇识别许多变化的变量相比，影响句子加工及解释的较高水平的变量更加复杂，这表现在定义与效应两个方面。理解这些高水平变量如何运作并不是从观察眼动数据推导出来的，与句法的、语义的、语用的及真实世界知识如何影响语言加工相比，理解会受到发展更加外显理论的影响。

在句子分析的研究中眼动数据是最好的标准，但是在话语加工与推理的研究中眼动数据的作用比较小，这方面的研究也比较少，这让我们感到惊奇，因为精确地发现读者在阅读时何时进行推理非常重要。眼动数据可以预测揭示这种时间效应，未来几年内，话语加工与推理的眼动研究会出现。读者在理解课文意义时能够整合一些句子的信息，将不同的句子联系起来形成连贯的话语表征，在一定程度上眼动数据可以反映这些加工过程。下面相关的研究包括句子与从句包裹、先行词搜索及联机的推理。

有专家发现出现在句子结尾的注视词的时间非常地长。这通过回归分析可以测量出来。其他研究人员发现当一个目标词结束了一个从句或者一个句子时，与同样的词没有结束一个从句或者一个句子时相比，注视时间增加了；雷纳等学者验证了这一结果且进一步表明，不仅注视从句和句子最后词的时间更长，而且下一个跳读也变长了，于是在从句与句子的边界读者减少了注视时间，然后注视课文的下一个区域。

字首成分，如代词及其课文先行词之间形成联系的过程对于理解话语非常重要，代词参照与名词—名词的参照正是这样的两种具体情况。对于课文理解，话语成分的正确联系很有必要。在代词参照、阅读过程中当遇到一个代词如 she 时，读者必须识别的一个先行词要符合单复数与性别的匹配要求。有时候这一过程很容易，不受眼动记录的干扰，如果代词违反了性别刻板印象便会增加注视时间；如果代词（或者字首）与先行词之间存在着很大的距离，在编码代词时读者的注视时间会更长，先行词搜索会持续到随后的注视时间中；如果代词或者字首与先行词之间的距离很近，注视时间便增加不多。当然，由于代词一般是短的词，读者常常会跳读过去，因此很难精确发现何时代词被编码了。根据研究者的发现，当代词指代不常见的先行词时，会导致注视编码区域的时间更长。即使代词本身不会产生这种影响，但是它会使其后面的区域稍微延迟出现。就像代词需要先行词一样，限定性名词短语也没有对课文以外的东西进行指代。名词除了单复数与性别之外没有其他语义信息，但是名词一般具有更多的语义内容，这有利于搜索先行词。

（七）模拟阅读的眼动

提出一个量化的模型来解释阅读中观察到的所有现象超出了我们目前的任务范围，是一个不现实的目标，就是说影响阅读的因素有很多，包括词频容易理解的字符、复杂的句法、较高层次组织的课文及作者与读者共有的真实世界知识。如果一个模型试图解释所有的因素，那么这个模型肯定是非常复杂的，或者是退化到多重回归方程的，以便重新证实所有这些变量及其他变量在阅读中发挥的作用。有研究人员认为，一个阅读模型在一定时间具有一定的价值，它要能够解释阅读过程的重要成分，要简单明了以便成为有效的启动式工具来说明它可以解释哪些现象，不可以解释哪些现象。目前有大量的研究课题是关于产生阅读眼动的量化模型的，尽管这些课题在许多方面存在不同，但是都具有一些共同的特征。有些研究探讨影响眼动的主要词汇加工，有些研究探讨试图以较低水平的知觉动作加工或者通过理想的观察者程序来解释阅读的眼动。

（八）口语理解的眼动控制

许多日常作业需要人快速地质问自己的视觉环境，如阅读杂志、在聚会上找朋友及做早餐都需要人不断地转换自己的注意。这些注意的转换伴随着凝视的转换、弹道的眼动，这是指将注意的区域引入中央凹区的中心区，因为此处视敏度最大。跳读的模式、时间及产生的注视时间都是脑认知科学最常用的反应指标，以此可以理解、注意与知觉和记忆有关的功能神经机制。在知觉动作研究中特别是在日常自然作业分配研究中，眼动是一个重要的度量指标。二十多年来，在心理语言学的书面词汇识别和句子阅读研究中，眼动是最常用的反应指标之一。眼动已经成为广泛使用的反应指标，在研究成人与儿童的口语加工过程中也将眼动作为反应指标，就是说让被试者理解与生成有限的视觉世界，研究者使用这种方法探讨了涉及语言加工的当前所有课题。眼动是一个选择的反应指标，可以用来探讨心理语言学的许多经典问题，如加工休止辅音具有类概念性质吗？背景影响最早的暂时词汇句法歧义消除了吗？在口语识别中频率效应的位置是什么？

视觉世界模式是针对语言理解的相对无计划的领域，包括儿童的真实时间句子加工、共同基础在联机加工中的作用、听者如何将不流利性用于真实语言加工及对话中的参与者如何协调自己的参照范围。视觉世界模式可以探讨动作与语言的相互作用及视觉与语言的相互作用。为什么视觉世界模式这样快地获得了这样大的吸引力？

第一，与阅读相比，锁定时间的、相对自然的口语加工指标很难获得。研究口语理解的广泛使用的许多作业需要快速反应一个时间点的加工，需要元语言的判断及切断口语输入的流程。眼动提供了一个敏感的、内隐的口语加工指标，就是说眼动反应对于输入信息是严密锁定时间的，不会干扰口语流程。

第二，眼动模式可以利用自然的作业从而不需要元语言判断，这更适合于年龄较小的儿童及特殊的人群。

第三，视觉世界模式与语言匹配可以质疑真实时间的解释，特别是质疑难以探讨的参照，如果局限于加工复杂的度量指标，这便都是难以解决的问题，因此，视觉世界模式有可能检验语言、知觉与动作之间的相互作用。

第四，眼动可用于真实时间信息计划与出声计划之间一些关系问题的解决。

第五，这个模式可以同时研究自然作业的真实时间产生与理解，包括对话的相互作用。这有可能在语言加工研究的两个传统研究之间架起一座桥梁，即语言就是动作的传统和语言就是产品的传统，前者是指自然的相互作用而同时忽视了真实时间语言加工的时间过程问题，后者是指研究加工的时间过程而同时局限于背景化的语言。

眼动作为一种工具用于研究口语理解是库珀最先倡导的。他让被试者一边看呈现的图片一边聆听故事，这时他跟踪被试者的眼动，结果发现被试者跳读地注视着故事命名的图片且注视着与事故中词有关的图片，而且在词结束之前常常生成了一些注视时间。

有学者认为，眼动用于评价在理解的时间过程中听者何时考虑共同的背景信息，具体地讲，一位同盟说话人即指导者，指导一个天真的参与者即听话人，在非常有限的空间里移动盒中的一些物体，说话人与听话人可以看见大多数物体，因此根据物理共现原则他们处于共同的背景中，但是由于不透明障碍的存在让说话人看不见少数物体，结果让听话人处于特殊的背景中，听话人在符合说话人的参照描述时注视着这些物体。这个研究为了解对话者如何使用相互可能知道的知识和实时理解语言的意图奠定了基础。

二、婴幼儿的语言学习

有研究学者认为，像其他动物行为一样语言也是一种行为，儿童是可以通过渐进形成与外部强化而学习的。但是也有其他学者坚决反对这一观点，因为在缺乏明确的正反馈或者负反馈条件下，儿童也会开始正确地说话，这一共同的观察显然不符合行为主义的观点即通过条件反射过程学习语言。学习原理不能说明儿童掌握语言的观点与当代的行为学习理论有关，这个理论太简单而不能说明复杂的儿童语言能力。

最近几年，研究者探讨了人类知觉与认知的早期发展问题，惊奇地发现了婴儿的语言学习能力，形成了一种新观点来强调学习在语言发展中的作用，因此，信息加工模型表明了语言结构的许多信息如何潜在地存在于婴儿的语言学习过程中，同时这些新的行为研究表明，婴儿实际上能够学会这些信息。例如，有研究人员认为，8 个月的婴儿在拥有几分钟的听力经验之后可以划分没有声音线索提示词汇边界的一串串无意义音节，在拥有这种情况下婴儿区分像词一样单元的信息就是证据。相关位置的规则以及整个顺序的具体音节顺序像一串串音节 pa、bi、ku、go、la、tu、da、ro、pi、tipu、do、da、ro、pi、go、la、tu……熟悉了这个顺序之后以词汇来测试婴儿，这些词汇出现在这串音节里，就是说音节的顺序总是以相同的顺序而出现，如 pabiku 和 golatu。同时也可以用非词汇来测试，将横越两个不同词的熟悉音节结合起来，如 kugola。虽然没有声音信息来具体表明词边界，但是在词内的音节之间过渡概率比词之间过渡概率更大一些，因此，存在的加工信息也许能让婴儿像识别语言流一样熟悉单元，结果表明，婴儿在能够理解所听词汇意义之前的几个月便能够完成这样的信息加工，能够完成划分言语作业。

为了理解语言，婴儿必须从说话人使用的声音顺序中发现规则。关于婴儿第一年言语知觉的大量研究表明在理解或者说出一个词之前的几个月，婴儿可以适应周围语言的特殊声音模式，这种早期研究探讨了怎样区分与分类辅音和元音。最近的研究探讨了婴儿内隐地学习复杂的口语分布模式及这些学习策略如何让婴儿发现词，以连续言语的声音模式使用可利用的多种信息源。

弗里兰德发表了一篇研究综述文章。他提出了一个问题，根据目前已有的理论研究文献判断，婴儿的语言理解发展是研究意义较小的一个课题。在 1960 年初掀起的语言研究新浪潮中，实际上忽略了与婴儿听力、理解过程相关的一些问题。虽然人们都认为语言输入是形成言语的一个必要条件，但是这个课题很少受到关注。尽管有些讨论得到了很大的支持，认为一般的听觉和具体的语言知觉都是缜密研究者不需要花费时间研究的一些课题，结果产生的问题是婴儿如何识别自己听见的语音的、词汇的、语义的及语法的语言系统，这就是心理学的、语言学的及发展心理学的最大问题。弗里兰德的这篇文章与其说是一篇综述还不如说是一篇充满伤感的散文，因为当时几乎没有相关的研究，不知道早期听力加工过程的实际水平及在语言发展中的作用，不知道如何以合理的时间类概念来描述这种现象。大约一年以后，在一些先驱者发现了合理的时间类概念时情况发生了变化，这些研究者使用了创新的操作技术即高振幅吮吸程序，研究者通过使用该技术首次发现婴儿可以分辨分类言语声音。

（一）词汇发展与聆听意义

早期言语知觉的一些研究表明，婴儿出生后第一年会逐渐成为熟练的听者，他们能够详细地分析口语的声音特征，这些研究常常作为早期词汇识别的证据，但是更应该说成是表示模式检测能力的证据，因为这是在连续言语中识别词汇的前提。将具体的声音顺序识别为连贯的声音模式是词汇识别的一个重要步骤，这种情况的出现不能说明声音与意义发生了联系。实验室研究表明，5~6 个月大的婴儿有选择性的反应于自己的名字，10 个月的婴儿对于许多常听的声音模式具有某种声音表征。这种选择性的反应于熟悉词汇的现象出现在几个月的婴儿身上，但是没有理解的证据，这种反应只能是意义有限的词汇识别。大多数婴儿在自己一岁生日时都以有意义的方式发出声音做出反应，一岁以后能够正确地说出许多词。

根据婴儿不断增加的理解、产生与学习单个词的能力可以看出早期的语言发展过程，这种能力在有些方面与其他物种表现一致。不同程度地理解与使用词的能力是人类语言能力的一种关键特征。乔姆斯基指出多个词的句子比一个个连在一起的单个词具有更多的意义，语法句子由许多词语单元构成，这些单元大小不一样，是以复杂的方式按照层次来组织的，不像词汇的表层水平顺序那样的明显。传统的观点认为学习语言的儿童天生地被赋予了这样的语法知识。

在过去的几年当中，许多实验研究表明了婴儿具有明显的语言获得能力，更加深入地揭示了解释人类认知的加工与表征机制。有些研究者探讨了个体差异和跨语言差异，还研究了这样的机制在实时的语言学习作业中如何运作扩大了我们的视野，如儿童如何控制“从这里到达那里”，这些观点为研究重点的转变提供了实验的基础。从儿童相对独立地学习词汇与形成语法转变到儿童的早期生活中充满了丰富的语言学习经验，这些经验在一些重要的方面都有不同的变化，具体表现在儿童之间、家庭之间及语言群体之间。在当前正常成人的语言加工与应用的其他研究中，新的语言获得研究正在离开这样的假设，即相对变化的默认加工策略是唯一解释复杂的早期语言学习的方式。研究婴儿在生活的头两年如何开始理解说话声音成为这个研究领域的一些基本问题。婴儿一开始就发现了无意义声音模式的一些规则，然后开始通过理解与使用声音来理解词汇及其意义。

最近心理语言学理论发展的方向发生了变化，越来越多的心理语言学家探讨不需要各种抽象或者内隐的原理便可以学会语言的可能性，这些原理都是普遍语法理论提出来的。有两种理论发展促进了这种方向的变化。一是发现了儿童能够有效地学习一些与输入信息加工规则有关的语言特征，如有研究人员认为 8 个月的儿童可以使用加工学习从输入信息中抽取过渡性概率，婴儿使用的三音节假词（即无意义结合的音节）存在着词汇边界，这些三音节顺序横越了词汇边界。在研究的后测试阶段没有让儿童被试者制造一个词，因为这些顺序跨越了一个词的边界而不是一个词的一部分，其重复的概率较低。二是发展变化涉及儿童可以利用的输入信息性质。儿童语言的输入信息是相当乏力的，不足以支持语言学习，也不需要普遍语法的帮助，但是最近有人认为输入信息包括非常丰富的相关特征，可以支持信息加工获得复杂的语言事实。

信息加工学习的批评家指出，应用过渡概率的信息加工学习机制具有局限性，如有学者认为信息加工的学习机制不能区分单音节词的顺序，尽管这些顺序构成了大部分的输入信息。同时，支持本土主义观点的证据不断出现，还出现了反对与经验有关的、研究语言发展的理论。支持本土主义观点的证据有以下几种不同的形式。

第一，实验研究表明，儿童没有违反核心的语言原理，即使采用学习算法的情况下。

第二，研究表明，儿童学习深层的语言原理时，明显地联系了不同的语言事实，这一结果强化了本土主义观点，这是另一个方面的儿童语言能力，不可能是经验的产品。

第三，儿童知道了一些句子深层次的意义，但是这些意义不可能是根据经验学会的。

第四，研究表明，即使儿童的语言不同于成人的语言，儿童也可以处理影响自然语言掌握的一些因素。

这个领域最重要的讨论就是在多大程度上人类语言获得是数据驱动的或者是依赖于经验的，以及在多大程度上语言获得受到人类基因的影响，对此，目前可以说还没有肯定的答案。

（二）儿童的学习阅读

阅读的教学是伴随着了解让阅读成为可能的知觉认知机器而出现的，在几十年的研究活动之后，1920 年出现的美国心理学行为主义革命将学习阅读的课题放在了一边。1960 年出现的认知心理学领域又重新研究这个课题，从此，学习阅读的研究有了稳定的知识洪流，最近几年又称作知识浪潮。在 21 世纪，知识的快速增加是由于投入了大量资金来进行阅读研究，领导决策者在此过程中不断地了解阅读参与现代社会的重要性。

在一定程度上政策与科学密切联系，这是学习阅读研究的一个显著特征。阅读知识的爆炸性增长主要出现在三个领域。第一个领域涉及儿童如何学习阅读。第二个领域是关于前读者如何结合学习阅读来进行学习，就是说发展语言技能的知识是流利阅读的基本前提。多年来学界公认学习阅读始于一年级的正式阅读教学，这个年级的儿童由于拥有了基本的知觉动作技能而处于“准备着”的状态，这些准备技能是学校心理学家通过了解学生完成一些作业的表现而观察出来的，如使用剪刀和跳读（二者不是同时进行的）。新的观点认为3岁儿童发展的知识和技能就是让学习阅读成为可能的基本前提。第三个领域是关于儿童为什么没有学会阅读的知识，尽管不断地进行教学练习，这种情况常常出现。

阅读就是理解作者的信息，这需要对信息写入的脚本进行解码，大多数脚本的词具有意义与发音，可用于传达信息。学习阅读主要关注的是按字母顺序出现的一般脚本。另外，关于学习阅读其他脚本的主要研究结果更类似于学习阅读英语的研究结果，这与不同的脚本如何构成有关。阅读技能的发展及学不会阅读的个别特点非常类似于一些欧洲语言的学习，当扩展到亚洲语言时相对重要的一些基本学习阅读技能便出现了一些差异，但是个体学不会阅读的现象比较普遍。现有的全部书写体系表征了各个方面的相应口语，学习阅读的作业将拼字表征、印刷书页的表征、计算机屏幕的表征、相应的形音表征与读者已经理解的词汇意义和发音联系起来了。为了理解学习阅读包括哪些成分，我们需要回顾一下语音、词形及拼字的一些基本成分。

1. 关于语音

为了理解语音在学习阅读中的作用，要区分言语为可以表征的四个水平，这四个水平形成了一个层次，从上到下分别是听觉水平、语音水平、声音水平及词形水平。在听觉水平中，说话是由连续波浪的听觉能量来表征的，这种听觉能量可以在摄谱仪上观察到，听觉能量可以表示不同时间频率。最重要的是在观察词语之间、音节之间或者音节之内的声音之间时，人们知觉不到任何一个空间或者中断，这不同于物理信号本身的基本特点。在语音水平中，言语是由音素来表征的，音素是由语言的说话人发出来的普遍单个声音来表征的，如在top，stop，pot中“t”的声音是由三个不同的音素来表征的。可以将自己的手放在嘴巴前同时说这三个词，便会感到发出pot中的“t”时气流较强，发出top中的“t”时气流较弱，发出stop中的“t”时只感到一点儿气流运动。在声音水平中，言语是由抽象的音素来表征的，这表示的是特定语言意义变化的声音区分，如在fan中的“f”和pan中的“p”所表征的声音都是不同的音素，产生的意义与fan和pan有关。相反在top，spot和pot中t的声音都是/t/音素的表征，都是各种形式的/t/音素，音素抽象特征表征的各种声音表示了特定口语的意义。在词形水平中，言语是由一串音素来表征的，这些音素也表征意义形式或者单元，这些词串称为形音。由于所有声音都是与单个音素有关的声音，所以共同词形都与一个特定的词形或者意义单元有关，如sign和signature共同词形部分是sign，另外，书面英语是形音的，就是说发音的表征是最大限度地进行的，以便表达意义，因此，书面词 sign 和 signature 共有拼字 sign，尽管这两个词的这部分发音有区别。

2. 关于词形

词汇形态学是指根据词形或者最小的意义成分来构成词汇的学科，音素包括词根、后缀、前缀及变形（词的一些成分包括数量、人称、时态或者格），如后缀 er 就是一个词形，表示做某事的人。当儿童成为有技能的读者时，词形知识便会特别有用，他们遇到一些生词，通过分析词及其背景就能推出这些生词的意义。许多生词在词形方面与熟悉的词有关，如儿童遇到词汇 evidentiay 时，可以根据类比熟悉的词 evidence 推出它的部分意义。

3. 关于拼字

拼字是指用于表征书面语言发音与意义的符号系统，英语的拼字是由 26 个上格字母与下格字母、从 0 到 9 的数字、标点符号及少量的其他符号构成的，目前可以发现三种主要的拼字系统或者书写体系。第一种是字母顺序的书写体系，它与少量拼字单元或者字母有关，大致反映了言语表征的语音水平，top，spot 和 pot 中 t 的声音都有各种形式 /t/ 音素的共同词形，可用于单个字母 t 来表征每个单词，如按字母顺序的书写体系包括汉语拼音系统、英语、德语、意大利语、朝鲜语以及西班牙语，字母系统的变化符合字母与声音之间的关系，即声音的数目与一个特定字母有关。具有一致映射的字母系统是指表面的拼字，包括意大利语和荷兰语；具有不一致映射的字母系统是指深层的拼字，包括英语。音节系统是第二种书写系统，它具有的拼字单元对应于音节，如日语的假名。还有一种是形态与音节的系统，它具有的拼字单元所表征的音节也是词形，如汉语和日语的汉字系统。

过去一百年来，“阅读模型”占据思维研究的主导地位，探讨了儿童能否学会阅读的问题，阅读被理解为一个成熟的操作概念。当儿童进入幼儿园或者一年级时，学校心理学家和其他专家会利用阅读测试来识别没有准备学习阅读的儿童。针对没有准备学习阅读的儿童，最好的方法就是一直等待直到他们准备好为止，延迟进入正规学校或者重复上幼儿园、一年级都是等待儿童准备学习阅读的策略。有时候幼儿园和一年级之间需要有一些过渡性课程作为重复幼儿园学习的一种选择。阅读模型现在已经被显现的读写模型取代了，这种显现的读写是规范阅读与写作的前提。显现读写的关键概念反映了与读写有关的一些概念，如语音学、拼字与形态学，还有一些相关的概念是语音敏感性、书面文字知识及口头语言，以下进行具体论述。

第一，关于语音敏感性。语音敏感性指的是初始形式的语音知识，儿童利用这种知识能够获取与操作更大的语音单元。幼儿甚至在出生前便可以获得母语的韵律结构，如出生两天的新生儿具有偏向母语的倾向，在一个月的时候，婴儿能够知觉与分辨说话声音。具有母语的早期经验让发展婴儿的语音系统适应于他遇到的说话声音，这种发展特殊化能力的结构表明，一岁儿童区分非母语音素的能力下降了。语音敏感性是一个相当稳定的个别差异维度，至少在三岁以后才可以测试出来。发展变化的只是语言复杂的一些语音片段成分，幼儿能够获取与操作这些片段成分，这些片段成分发展的顺序表现如下：①复合词的词汇，②词汇内的音节，③音节内的韵律单元，④韵律内的音素，⑤音素集束的音素。

第二，关于书面文字知识。最强烈地预测后来词语阅读的阶段就是在学校学习字母系统的时期，除了以知道字母的名称与声音来学习阅读之外，字母知识通过促进发展语音知识在学习阅读过程中发挥间接作用。字母知识的重要性不言而喻，但是书面知识基本形式的重要性未必人人皆知，如年幼的读者不同程度地知道印刷文字的一些基本概念，包括知道一本书的正反、书的开头在哪里及图片与书面文字的差异。问题是在阅读发展的显现阶段这种知识是否起着重要作用，或者这是否只是早期阅读经验差异的副产品，其本身是否不影响学习阅读。当字母知识与书面文字的概念用作同时性预测因子时，字母知识与后来阅读之间的密切关系可以包含它们的预测力。

其三，关于口头语言。婴幼儿可以用手势表示词，以展现交际的能力，这里面的手势表示理解位于真正语言所指之前的意图与符号表征。婴儿与保姆之间的共同注意可以促进词汇发展，婴儿在第一个生日之前就可以发现理解词汇意义的证据，小孩在上学之前就会知道几千个词。

（三）有效的学前干预

语音敏感性的一个显著特点是不同儿童的语音敏感度不同，儿童之间的语音敏感度存在较大变化，这种变化在他们进入同类的公共学校学习环境之前可以反映学习环境的变化。在每个领域，如语音敏感性、印刷文字知识及口头语言的操作与贫困状态或者社会经济状态的变量之间存在着密切的关系，生活在贫困家庭中的儿童对印刷文字的语音敏感度高于口头语言。学前干预影响婴幼儿的语音敏感性、印刷文字知识以及口头语言吗？可以使用一种共享的阅读称作对话阅读来验证，一般的故事书阅读就是让教师或者成人阅读，让小孩被动地聆听，而对话阅读鼓励小孩讲故事，成人提出问题、增加信息，让儿童能够获取丰富的阅读故事信息。与传统的故事阅读相比，对话阅读可以产生口语的收益；当修正对话阅读以便强调语音敏感性，增加印刷文字知识意义时，对话阅读便能促进这些领域的发展。其他更直接的干预程序也可以促进婴幼儿语音敏感性的发展，但是不要认为在研究中发现的收益很容易扩展。大量的研究（包括早期儿童关爱研究网络）提供的证据表明，学前儿童的教师质量与课堂教学质量会影响认知语言贡献的收益。

阅读无能、阅读损伤及心理发展的阅读困难都是指意外地没有很好地完成阅读。期望水平的阅读操作如何量化有两种常用的方法，一是比较个体的阅读成绩以便使年龄匹配的数据标准化，二是通过将他们的阅读成绩与他们的口语或者一般认知能力进行比较。阅读困难的原因与身体构造有关，与个体的神经生物因素有一定关系。许多国家为了适应特殊教育服务而进行的正式识别需要区分能力和阅读技能，阅读范围之外的智力测验或者成就测验可以检验能力。但是，当前的研究定义省略了差异的条件，主要根据的是处于阅读失败危险境地的初始读者，最合适的干预有没有变化主要依赖于儿童的阅读是否不同于能力，当前的研究争论针对的是——是否需要能力与成就的差异。发展的阅读困难不同于获得的阅读困难，发展的阅读困难是指没有能力获得足够阅读技能，而获得的阅读困难是指正常读者由于伤害或者疾病而引起的障碍性阅读。

总之，学习阅读有三个方面：学习阅读、针对学习阅读的学习及学习阅读的失败。从学习阅读开始，理解学习阅读的三个重要概念需要了解语音学、形态学及拼字法。口语技能（语音和词形）与书面技能（拼字）之间的相互作用，可以很好地说明学习阅读、语音知识的发展与阅读词语的水平之间存在着的因果关系，词汇发展与阅读理解发展之间也存在着类似的相互作用。针对学习阅读的学习，阅读模型被显现读写模型取代了，后者也说明了三个关键概念：语音敏感性、口语及印刷文字知识。前读者完成度量语音敏感性、口语及印刷文字知识的一个显著特点是儿童之间的极大变化，这反映了开始正式上学之前读写环境的更大变化，通过修复语音敏感性、口语及印刷文字知识的缺陷可以对学龄儿童进行干预。对于学习阅读的失败，语音加工对其发展影响较大。

三、语料库在心理语言学中的应用——与网络科学相结合

近年来，心理语言学采用先进的技术和科学的方法对语言认知层面的相关问题进行了研究，这些技术和方法包括网络科学、计算建模等。这些技术和方法更注重数据，并且对数据的质量有着十分高的要求。语料库向来以相关数据的数量大、范围广而著称，因此语料库与网络科学、计算建模对数据的需求有着很好的适配性。正因如此，语料库在心理语言学的研究中发挥了重要的作用与价值。

网络科学是科学的一种，这种科学探索世界的方式与角度是“网络”的，同时这种科学的重要研究内容之一也是“网络”。语言是一个十分复杂的系统，这个系统由很多层面组成，其中包括语音、语法、语义、词汇等，不仅整个语言系统呈现出网络特征，这些单独的层面也具有网络的特点。由于语言学的复杂性等特点，网络科学应该被应用在语言学的研究之中。

心理语言学借助网络科学研究心理词汇构成的网络，这些网络包括词汇的语义网络、语音网络和正字法网络等。心理词汇网络包括节点和边，其结构特征可以通过多个参数在不同层面上表现出来。一般而言，研究人员会利用特定的语言数据库来建构词汇共享网络，接着提取相关的网络指标，以探究心理学领域中的词汇结构及其本质特征。科学家通过微观、中观和宏观三个角度的观察来研究母语者的心理词汇网络如何形成，并且对比分析母语者和二语者的心理词汇网络。网络科学研究需要大量的数据，要能够识别重要节点，这使得语料库得到了更多的应用。然而，如何进一步扩展网络科学研究的内容，仍需深入研究。

第五章　计算语言学理论及应用研究

计算语言学是运用计算机技术处理自然语言的一门学科，是应用语言学的一个重要分支。本章的主要内容是计算语言学理论及应用研究，分别从两个方面进行相关论述，依次是计算语言学的理论知识、计算语言学的实践应用。

第一节　计算语言学的理论知识

本节主要介绍了计算语言学的理论知识，包括计算语言学的内涵和主要特点。

一、计算语言学的内涵

目前学界对计算语言学的认识为，其研究对象是人类语言，研究手段是计算技术，研究目的是对语言进行自动化处理，其研究过程涉及对语言的建模和对模型的评价。

要实现语言的“生成”，首先得实现计算机对自然语言的“理解”。有人认为，现阶段提出“理解”目标不切实际，因为目前占主流地位的统计方法要达到的目标只是“处理”，还谈不上“理解”。更进一步说，并非经过“理解”才能“处理”。但是，统计方法只是解决问题的方法之一，它不能“处理”所有语言的问题，只有计算机真正“理解”了语言，才能实现语言的生成。目前计算语言学研究主要致力于自然语言的理解，自然语言生成方面的研究相对薄弱。

要使计算机理解自然语言，必须使之具备以下几项自然语言知识。

语音和音系学知识：主要关注语音怎样转化为词。

形态学知识：主要关注词素怎样构成词。

句法知识：主要关注词怎样构成句子。

语义知识：主要关注词义怎样构成句义。

语用知识：主要关注句子在不同语境中的使用情况。

语篇知识：主要关注上下句之间的关系。

世界知识：主要指说话者和听话者所具备的对外部世界的认知。

乍看上去，计算机要具备的自然语言知识似乎与传统语言学、现代语言学的内容大致相当。传统语言学着重语言事实的描写，经验性质比较突出。现代语言学理论性非常强，已经脱离了经验科学的范畴，我们称之为“理论语言学”。但计算语言学和这二者是有本质区别的。

理论语言学和计算语言学都是研究自然语言的，但服务对象有所不同，前者是面向人的，后者是面向计算机的。计算语言学是一门实验性较强的学科，所以它提出的问题既要符合自然语言处理的实际需要，又要是现有的计算机技术能够解决的。

此外，计算语言学中研究对象的定义必须明确，不能含糊。例如，汉语“词”的定义，理论语言学上的定义是，词是最小的、能独立运用的语言单位，这一定义并不清楚。语言学家也分析了词的一些特征，如结合紧密、使用稳定等，但没有定量标准。这样的定义对计算机来说是没有用的，那么计算语言学中“词”的定义是什么呢？——能在分词词表中找到的就是词，否则就不是词，或者是未登录词。这样，计算机就能去词表中查找，能找到的就是词，找不到的就划归到“未登录词”里去做下一步处理。

理论语言学研究一般不考虑计算机的应用，因此无法提出自然语言处理方面的问题和理论。例如，汉语自动分词问题就是从中文信息处理角度提出来的，汉语理论语言学研究从来没有也不可能提出这样的问题。理论语言学不一定要形式化，并且它也没有形式化的途径。形式化是数学表示的问题，包括两个方面：一是问题本身的形式化描述，二是解决问题的方法的形式化描述，后者通常用数学模型来体现。

当然，要让计算机掌握和具备以上的语言知识，计算语言学研究者首先需要将这些知识形式化，并将其用算法的形式在计算机上加以应用。因此，冯志伟将计算语言学研究划分为以下四个阶段。[①]

①把需要研究的问题在语言学上加以形式化，建立语言的形式化模型，使之能以一定的数学形式，严密而规整地表示出来。

②把这种严密而规整的数学形式表示为算法，使之在计算上形式化。

① 冯志伟．现代语言学流派（增订本）[M]．北京：商务印书馆，2013．

③根据算法编写计算机程序，使之在计算机上加以应用，建立各种实用的自然语言处理系统。

④对于建立的自然语言处理系统进行评测，使之不断地改进质量和性能，以满足用户的要求。

这四个阶段可以简单概括为“数学模型—算法表示—程序实现—质量评测”。计算语言学研究最困难也最有挑战性的是第一步，即提出问题和理论并且将问题的解决办法用数学模型来表示。算法表示是“算法分析”和“数据结构”等课程要解决的问题，程序实现则是“程序设计语言”课程要解决的问题，而质量评测则贯穿于具体的研究任务的各个阶段。

计算语言学从宏观层面上来看主要存在两种基本方法，第一种是基于规则的方法，第二种是基于经验的方法。基于规则的计算语言学方法，带有理性主义色彩，这种方法的代表人物是乔姆斯基。在语言能力方面，人类的语言能力应该是语言学研究的主要内容和主要目标，而不应该把语言学研究的关注点过多地放在言语层面，因为言语只是语言能力的表现形式。演绎法是理性主义所秉持的研究方法，演绎法就是遵循原则、参数到规则再到具体句子的思维路径。虽然不能把乔姆斯基的语言学与计算语言学直接画上等号，但是乔姆斯基的语言学在相当程度上推动了计算语言学的形成与发展。在研究方法上，基于规则的计算语言学中的理性主义主要体现在以下两个方面。

第一，目标定位于“自然语言理解”，希望在理解的基础上来处理自然语言。

第二，方法的核心是“基于规则”，希望根据通过内省和演绎得到的一整套规则来处理自然语言。

经验主义是基于经验的语言学方法理论的基础，这种研究方法来自美国数学家香农所创立的信息论。信息论的方法是指，在对语言的具体问题进行相关决策的时候，可以采用统计以获取概率的思路，这是因语言实践本身就是存在概率的。经验主义与理性主义研究方法不同的是，经验主义采用归纳法，它在语言学上的表现是“语料库语言学”。在经验主义的理论体系中，理解的阶段并不是语言处理的必要过程。一般来说，采用内省的方式或者规则能够得到的语言知识信息是“颗粒较大”的，只有在统计方法的加持与处理之后，才能获得“小颗粒”的语言知识，具备这种小颗粒的语言知识之后，才能进行大规模的真实文本处理。

从学科属性上来说，计算语言学到目前为止，其理论体系尚未建立起来，还不能算是一门理论学科。其主流方法（统计方法）是经验主义的，这充分表明计算语言学还是一门经验学科。但是计算语言学又的确是一门实验学科，其理论和方法的正确性都需要通过在计算机上做实验来证明。而理论语言学则不是一门实验学科，有些问题本质上无法通过实验来研究，例如语言的发展规律。

二、计算语言学的主要特点

计算语言学的性质决定了其与众不同的特点，具体包含以下几个方面。

（一）元语言的形式化

元语言是相对于对象语言而言的。被研究的语言称为对象语言，研究这种语言时所使用的语言则被称为元语言。例如，语言学家运用汉语来研究英语，用前者描述后者，那么在这种情况下，英语便是对象语言，汉语便是元语言。自然语言被传统语言学普遍视为元语言，这种元语言的认定无论对象语言如何变化，都是符合要求的。但自然语言十分复杂，将其作为元语言会使自然语言的处理面临歧义问题，因为计算机不具备思维能力，只能按照指令执行，而所有的指令必须是精确的信息,所以它无法直接接受自然语言的指令。对此，形式化的元语言就成了人与计算机沟通的途径。

计算语言学中有多种多样的元语言，并且相关研究人员不停地对它们进行设计和修改，体现了其鲜明的技术性特点。在对元语言加以调整的过程中，应注意两点内容：一是要满足技术上的需求，确保能在计算机上实现；二是要满足语言描述的需要，能够准确、深入地描述语言的规律，要不断地对元语言进行调整和完善，以设计出一种准确而精巧的元语言。

（二）工程性

机器翻译是最早被广泛应用于非数值计算领域的计算机技术之一。人们发现，最初采用的“词对词”翻译方式存在问题，因为这种翻译方式缺乏对自然语言的语法、语义和语用等基础问题的深入研究。于是，人们开始探究这些问题的根源。接着，人们开始关注人机交互、自动化检索、自动总结、自动校对、语音辨别，以及涉及中文信息处理的独特的汉字输入和自动分词等语言工程领域的实验、研究和开发工作。随着这些工程项目的研究和开发，计算语言学逐渐形成、发展并走向成熟。从计算机的发展历史来看，计算语言学本质上是一门实验性、工程型学科。其理论和假设必须通过实验加以证明，在实验之后，必须进入语言工程进行实践，达到实用化目标，这也是计算语言学的终极目标。

（三）可操作性

与描述性相对的是操作性。描述性语言学研究了语言的构成方式，而操作性语言学则教授人们如何从给定的句子中推导出句法结构和意义。两者的区别在于，描写性带有一定的消极意义和色彩，它是在某种语言、某个表达方式的前提下进行的描述；操作性与描述性相比是较为积极的，在操作过程中主观角度至关重要。操作程序就是实现了从不理解到理解的转变过程。计算语言的可操作性特征可以说是区别于传统语言学的本质特征之一。

（四）整体性

计算语言学的工程性特点说明了计算语言学的目的是在人和计算机之间建立一座桥梁，因此计算语言学面对的是整个自然语言现象，其注重将语言作为一个整体来研究，强调从全局出发研究计算机处理语言的普遍性和一般性问题。

第二节　计算语言学的实践应用

词是语言的构成因素。自然语言的计算机处理一般是以词为单位进行的，计算语言学的许多理论也是以承认词的存在为前提的。因此，本节主要论述计算语言学在词这一层面的实践应用，包括词汇统计与词表的制定、机器词典的运用、现代汉语文本的自动切词与标注。

一、词汇统计与词表的制定

语言符号具有随机性。当我们用语言来进行交际活动时，有的语言成分使用得多一些，有的语言成分使用得少一些，各个语言成分的使用有一定的随机性。当一个个的语言成分在话语或文章当中出现的时候，有时它们的出现是完全确定的，但是在大多数场合，它们的出现都是不确定的。但绝大多数的语言现象都有例外。这样的例外常常使得语言学家伤透脑筋，有的语言学家甚至因此而误入迷途，以偏概全，得出了错误的结论。

过去，我国许多著名的语言学家为了尽可能地避免以偏概全的错误，在制定语言规则时，提出“例不十，法不立；例外不十，法不破”的原则。语言学家治学态度的严谨性也可以采用这种原则来衡量。采用计算的方式，在文本语料库中进行语言检索，可以很容易地去验证或推翻某个规律，只需要找到十个正面例子或者反面例子。人们使用计算机检索的功能即便是寻找成百上千的例子也是十分容易的，但是在这个过程中统计方法的科学性尤为重要，因为倘若缺乏科学的统计方法，那么论证的合理性就会受到质疑，其片面性就会凸显。

语料库的研究会有成千上万的语言实例或者反例，与之相比，十个反例或者实例，显得微不足道。因此，除了上述原则之外，语言学家也提出了另一条语言学原则，即“例过十，法未必立；例外过十，法未必破”。可以说这条原则比上一条原则更具有客观属性，并且这条原则也更加贴合语言的现实情况。在计算语言学研究过程中，相对较为简单、传统的枚举实例法不符合计算语言学的研究需要，科学的数学统计方法便应用与研究过程中，因为即便枚举更多的实例或者反例（几十例）也无法草率地确定某一个规律。也正因如此，在计算语言学中“例不十，法不立；例外不十，法不破”的原则得到了语言学家极高的重视，被确立为一项治学原则。对于我国语言学的发展而言，语言学家还需要在这项原则的基础上进一步审视，从而彻底实现从简单枚举到现代科学统计的转变。

就在我国语言学家提出“例不十，法不立；例外不十，法不破”这种简单枚举的方法的时候，国外就有学者采用统计数学的方法来进行词汇研究，他们的研究突破了简单枚举的局限，在语言学研究中独树一帜。

在人类历史上，很早就开始了词表的制定工作。据说 3 000 多年前，古代巴比伦的楔形文字里，就保存了最早的词表。著名学者艾尔弗利克的《拉丁语法》一书就包括了一份拉丁语—英语分类词表。

要制定词表，首先要选词。不选词，词表的制定就无法进行。选词标准有两类：一类是主观标准，另一类是客观标准。

主观标准也叫经验标准。词表的编制者根据个人的学识、经验和兴趣，来判断词表究竟应该收哪些词？不应该收哪些词？历史上不少的词表都是根据主观经验的标准来制定的。

主观选词标准的根据是专家的经验和判断力，如果专家水平很高，他们提出的选词标准诚然也有其可取之处。不过，人们更倾向于使用客观的选词标准，因为客观的选词标准是根据言语统计的方法得出来的，统计结果不以个人的意志为转移，这样制定出来的词表才会有较高的科学价值。

而迄今发现的客观选词标准，除了频率之外，还有分布率、易联想性、扩散率、覆盖率、通俗性等，下面具体说明频率标准和分布率标准。

第一，频率标准。大规模地根据频率来选词是从德国学者凯丁的《德语频率词典》开始的。凯丁创造一种合理的速记法，对德语词汇进行了频率统计。《德语频率词典》的编制为德语基础词汇的研究打下了良好的基础。凯丁搜集的词汇材料内容广泛，各部分内容的比例也比较恰当，他的统计结果有一定的代表性。

然而，频率标准存在一定的限制。因为频率指数的可信度是相对的。在包含10个具有相同词汇量的语料库中，词A出现的频率为0.020，而相应地，词B的出现频率为0.018。如果，词A只在一个材料中出现，而词B则在全部10个材料中都出现。尽管词A出现的频率比词B高一些，但它比词B的应用范围要窄。显然，频率有时会使我们无法看清用词的真实情况。

第二，分布率标准。因为不同的时代、地域、语言形式和语言资料的容量会对词的选用产生影响，所以我们不能只以频率为选择词的唯一标准，以免内容不准确或缺乏表达的丰富度。

一个词在一定篇数的语言材料样本中出现的篇数，也是衡量该词重要与否的标准。这个标准，叫作分布率标准。

加拿大学者贝克于1935年出版的《法语词汇手册》一书中，首次全面地、自觉地采用分布率标准来进行词汇研究。他统计的语言材料共计88篇，总词汇量在1 100 000词以上。每篇材料原则上为10 000词，实际上为13 000词。88篇材料的题材广泛，其中，小说、故事共34篇，剧本12篇，占总词汇量的56.4%。选词时以分布率为主要标准，其次才考虑频率标准。贝克认为，一个词如果有五位作家各用一次，也比只被一位作家使用十次的词更重要。贝克的统计工作是手工进行的，历时近一年。所统计的88篇材料共收不同的词19 253个，词表中只收分布率指数为5以上的词，共6 067个。分布率指数在5以下的词有13 186个，占词汇总数的68.5%，尽管其中有些词的频率很高，不过因为它们的分布率指数在5以下，也被淘汰了。①

贝克如此强调分布率的作用，未免有些失之偏颇，不过，他的这种矫枉过正的做法，给那些只以频率为唯一选词标准的学者敲起了警钟，使他们认识到，分布率标准也是不应忽视的。

自20世纪20年代开始，我国就有一些学者采用统计方法来研究汉字使用的频率，他们还制定了基础的字表，以克服简单枚举法带来的限制。因为汉字是我国的文字体系，所以我国的学者首先从研究汉字的字表开始，探究词表方面的问

① 冯志伟．计算语言学基础[M]．北京：商务印书馆，2001．

题。为了达成教学目标，教育学家陈鹤琴运用创意和语料统计的方法编写了《语体文应用字汇》。该作品于 1928 年由商务印书馆出版。在陈鹤琴的著作问世之前，人们已经发展出了多种中文的应用字汇，其中包括克仑茨的研究成果和陈鹤琴自己编纂的《常用四千字表》。陈鹤琴用的语料分如下六类。①

①儿童用书：127 293 字。

②报刊（以通俗报刊为主）：153 344 字。

③妇女杂志：90 142 字。

④小学生课外作品：51 807 字。

⑤古今小说：71 267 字。

⑥杂类：60 625 字。

书末附有“字数次数对照表”，这是按汉字在语料中出现的绝对频率来排列的字表。

汉语单词频率的统计工作比汉字频率的统计工作要困难得多，这是由于书面语不是按词分写的，而是以汉字为单位逐个写的，词在书面上的形式不突出。因此，在很长的一段时间内，汉语大规模的统计研究一直停留在以汉字为单位的阶段上。

为了保证统计结果的客观性，必须确保所统计的语料总量达到足够的数量标准，使其符合数理统计的原理。根据《现代汉语频率词典》编者所述，在超过百万次的情况下，若一个常用词的出现频率高于百万分之一，则所得的统计结果可以被视为是客观的。《现代汉语频率词典》使用的语料库包含了 182 万个汉字，这个抽样是恰当、经济、实用的。

现代汉语的词汇形成了一个多元复杂的体系，其中不仅有通用词，还包含术语、方言词、文言词、专名词（人名、地名、机构名等）及各种成语、熟语、谚语和格言等。语言是一个持续演变的系统，随着社会的不断进步，也会不断涌现出新的词语和语言表达方式。由于信息处理所涉及的概念和领域非常广泛，设计词汇表时不仅要考虑通用词汇表，也需要考虑术语词汇表、方言词汇表、文言词汇表、专有名词词汇表、习语词汇表及新兴词汇表等，以满足不同场合的语言需求。我国计算语言学的深入发展，离不开这些词表的规范制定和标准化，这是至关重要的。

① 冯志伟．计算语言学基础[M]．北京：商务印书馆，2001．

二、机器词典的运用

在计算机上开发的电子词典被称为机器词典，这是一种非常有价值的语言资源。以机器翻译为例，系统需要结合机器词典的基本信息和语法语义规则进行计算和推导，以获取表达句法语义特征的动态信息。如果没有一个高质量的机器词典，机器翻译就无法实现，可以说机器词典是机器翻译工作开展的前提与基础。

机器翻译中机器词典的任务有以下几项。

①为原文词提供恰当的译文词。

②为各个词提供必要的语法特征信息以便进一步加工。

根据词的储存方法和查找方法的不同，机器翻译中的机器词典可以分为以下三种类型。

①词形词典：按词在文本中实际出现的形式来存储，词典中既存储词的原形，也存储词的变形。例如，英语的 pen（笔）这个词，在词形词典中既存在原形 pen，也存在它的变形 pens（它的复数形式）。使用词形词典的好处是可以直接根据文本中实际出现的词的形式来查找，用不着分析变形。对形态丰富的语言来说，如果使用词形词典，词典的容量会变得非常大，从而影响机器翻译系统的运行性能。

②原形词典：按词的规范形式（名词单数主格、动词不定式）来存储，词典中只存储词的原形，不存储词的变形。使用原形词典时，由于在实际文本中的许多词都是变形词，必须把变形词还原成它们相应的原形词，这就需要进行原文的自动形态分析。由于机器翻译对世界主要语种的形态分析技术已经相当成熟，分析的正确率很高，所以，目前大多数机器翻译系统都采用原形词典存储词的方法。

③词干词典：词典中只存词干。例如，对于英语的 form（形式），reform（改革，re- 是前缀，form 是词干），for-mation（形成，form 是词干，-ation 是后缀），reforma-tion（革新，re- 是前缀，form 是词干，-ation 是后缀）等词，词典中只存词干 form，其他的词都要进行前缀或后缀的分析，分析成功后赋予它们相应的词义和语法信息。采用词干词典大大地节省了词典的存储空间，但是，同时也增加了系统自动形态分析的工作量和困难程度，特别是如何根据前缀或后缀来决定词义，是一个相当复杂和困难的问题。

机器翻译的词典包含原文词典、译文词典、原文译文转换词典等。根据系统的设计方法的不同，这三部词典的分合情况各有不同。有的系统把译文词典和原文译文转换词典合成一部，称为转换词典，这样，系统中只使用原文词典和转换词典两部；有的系统把原文词典、译文词典和原文译文转换词典合成一部词典，系统自始至终只使用一部词典来进行翻译。

在机器翻译的机器词典中，除了存储原文词和译文词之外，还必须存储单词有关的语法语义信息。例如，对于英语而言，机器词典要存储形态信息、语法信息、句法信息、语义信息。这些信息的丰富程度和复杂程度，对机器翻译系统的性能产生了很大的影响。

除了机器翻译的机器词典之外，为了自然语言处理的需要，相关人员还研制了各种语法信息词典。这些语法信息词典成了许多机器词典中单词的语法信息标注的依据和基础，是非常有价值的。

法国语言学家对法语动词中“动词＋补足语”的结构进行了分类研究，把这种结构分为“无后位补足语”的结构、“带一个后位补足语”的结构、“带两个后位补足语”的结构等。对于“带两个后位补足语”的结构，又进一步分为“两个后位补足语都是直接宾语”的结构、“两个后位补足语都是间接宾语”的结构和“一个后位补足语是直接宾语，另一个后位补足语是间接宾语”的结构等。对于前位补足语（也就是我们所说的“主语”），法国语言学家还指出了它们在语义上的搭配要求。例如，动词 oser(敢) 和 esperer(要) 要求其前位补足语的语义是“人”，动词 rouiller（生锈）和 etinceler（闪耀）要求其前位补足语的语义是“物”。法国语言学家把这些特征制成表格，对于机器词典的编制很有参考价值。

法国语言学家格罗斯对于法语动词的研究更加细致。他本人有很好的数学基础，长期从事计算语言学的研究。格罗斯从计算语言学的角度，拿出 19 张矩阵表将 3 000 多个法语动词以义项为单位罗列其中，从而形成了法语动词配价的矩阵表。“动词＋补足语”的结构在这些矩阵表中体现得十分清晰，这些矩阵表在处理配价兼容关系上有很多独到之处，实际上，许多不同的结构都可以在这种矩阵表上得到很好的展现。格罗斯在分析动词的时候，选择了 100 多个配价特征，他划分了 2 000 个细类，把这 3 000 个法语动词都囊括了进来，可以说这种划分方法是十分细致的。格罗斯在计算语言学方面所做的努力与贡献直接影响了语法信息词典的研制。

近些年，“电子词典”作为一门专门的学问日渐被人们关注、重视。这种电子词典主要借助计算机来研制词典。电子词典主要由两部分组成：主词典与概念词典。主词典主要对单词的语义特征与语法特征进行详细描述，这些特征包含着许多重要的信息，包括形态、句法等。主词典中会有大量的专用名词与相关概念，概念词典便是对这些内容进行描述与解释的词典，概念词典也能进一步进行细分为概念分类体系与概念描述。主词典与概念词典两者都不是孤立存在的，而是紧密联系在一起，两者相辅相成。对于有的语言而言，这种电子词典还能被进一步划分为基本语词典与专门用语词典。

北京大学计算语言学研究所与北京大学中文系合作出版了《现代汉语语法信息词典》。这部机器词典在选取了50 000多个词语，在词语的选取过程中，主要遵循词典编纂原则。在对这50 000个词语进行分类和词性确定时，主要遵循普遍语法原则，从而形成了现代汉语词语分类体系。在相同类别的词语中，不同词语在语法属性上存在着许多明显的差别，因此要借助关系数据库的文件格式，实现对这些词语语法属性的描述。在机器词典中具有1个总库、23个分类词库。总库主要是由21个属性字段组成的，许多属性字段又组成了各个类别的词库。例如，名词库与动词库分别由27个属性字段和46个属性字段组成。而且一些分类词库还可以进行细分，如动词库其实是由6个分库组成的，而代词库的下一级别又设置了2个分库。这些分库的主要作用在于对词语的进行更为细致的语法属性的描述。所有的库按照“词语＋词类＋同形”这一主关键字段相互联系，从而形成了一个由32个数据库文件组成的“树”，这些“树”中的数据库文件彼此存在着一些上位与下位继承关系。在“树”中有子结点和父结点，父结点的所有信息都可以由子结点继承，要想获取每一个词的全部的信息，就需要将父结点和子结点联系起来，一个词库的信息量可以表示为该库中的属性字段数与词语数的乘积。总库中一共具有60万的信息量，32个库的信息量为250万，要想将这些信息量进行存储那么就需要16兆字节。

国内外许多语言学研究单位都采用了这种语法信息词典，并且它们都将这种信息词典作为语言学研究的重要资源。通过对语言学的研究，最终形成了现代汉语语法功能分类体系，可以说这一体系是十分完善的。在现代汉语中，所有的基本词类被划分为18种，每一种词类所对应的字母便是其代码。

名词（n）：如书、教授、国家。

时间词（t）：如明天、元旦、唐朝、现在。

处所词（s）：如空中、低处、郊外。

方位词（f）：如上、下、前、后、东、西、南、北。

数词（m）：如一、千、零、许多、百万。

量词（q）：如个、群、克、杯、些。

区别词（b）：如微型、初级。

代词（r）：如你、我们、这、哪儿、谁。

动词（v）：如走、休息，同意、能够、出去、调查。

形容词（a）：如好、温柔、突然。

状态词（z）：如金黄、泪汪汪、满满当当。

副词（d）：如不、很、都、刚刚、难道、忽然。

介词（p）：如把、被、对于、关于、以、按照。

连词（c）：如和、与、或、虽然、不但、而且。

助词（u）：如了、着、过、的、得、所、似的。

语气词（y）：如吗、呢、吧。

拟声词（o）：如哗啦。

叹词（e）：如唉、喔。

不同的基本词类还能组合在一起，在原本的基础上形成一个更大的词类，如体词、谓词。体词是由名词、时间词、数词、方位词等组成的词类。谓词是由动词、形容词、状态词组成的词类。有的词类内部存在一些“分歧”，可能一部分属于体词，一部分属于谓词，代词就属于这种情况。体词和谓词还能合并，与区别词、副词组合成实词。而实词相对应的是虚词，它是由介词、连词、助词、语气词组成的。在汉语词语体系中，实词和虚词是最大的两个词类系统，还有一些词类是位于这两大词类之外的，如拟声词、叹词。

在语法信息词典中，主要的或说基本的单位是词；除了词之外还有一些语言成分，它们比词要小，如语素、前接成分等；还有一些语言成分比词要大，这类内容主要是成语、习用语等；除此之外还有一些标点符号。

这部《现代汉语语法信息词典》有电子版本，也有书面版本，叫作《现代汉语语法信息词典详解》。

三、现代汉语文本的自动切词与标注

印欧语系主要包括英语、德语、法语等。书面汉语与这些语言有着明显的差别，与印欧语系的语言种类不同的是，汉语不用像这些语言一样，词与词之间需要借助空格进行区隔，所以在汉语中不存在英语那般“泾渭分明”的界限。在汉语句子中，词与词之间没有明显的界限，一个句子便是一个字符串，字符串内汉字彼此相连。

汉语没有明显的形态变化，因此汉语语法的分析过程不像英语那样进行时态、形态上的分析，而是将单词进行自动切分，在这个过程中，汉语句子里汉字相连的字符串被割裂了，形成了所谓“界限”。在汉语体系中，最小的、能够独立运用的单位便是词，要想对汉语进行深入的分析，就需要把句子、文章中的单词进行切分。书面汉语的自动切词是十分重要的环节，该环节对文献的自动标引、机器翻译等工作有直接的影响，是这些工作开展的基础。

在探究汉语自然语言处理时，涉及句法和语义的所有任务都使用词语作为基本单位。只有当词可以被组成句子时，句法研究才有意义。如果没有词可以组成句子，那么句法研究就毫无意义。语义在语言中体现为概念与概念之间的关系，而表达概念的工具是词语。若无词语，语义研究便无从谈起。因此，中国语言的语法和语义研究的核心在于词汇，而处理词汇的效果决定了自然语言处理的成败。

汉字组成了书面汉语单词。汉字的构词方式比较灵活，因此在计算机对连续汉字字符进行分词时，可能会得到多种不同的切分结果。这经常导致计算机无法确定最优解，从而导致分割失败或产生错误的分割结果。因此，我们需要认真考虑对自动分词方法的研究。

目前中国国内采用的自动切词方法主要有以下几种。

（一）最大匹配法（Maximum Matching，简称 MM 法）

计算机中存储的已知的词汇表，称为底表。按照设定好的次序，从已经分成块的文本中截取一个最大长度为 6 到 8 个汉字的词组，这个字符串的长度被人们称为最大词长。

把这个具有最大词长的字符串与底表中的词相匹配，如果匹配成功，那么就可以确认该字符串是一个词。接着，计算机程序的指针会移动相应长度的汉字，并继续匹配。如果匹配不成功，就要一步步地将该字符串递减，直到与底表中的单词匹配成功为止。

MM 法易于理解，适合用计算机程序来实现，并且时间复杂度较低。然而，确定最大词长的长度是相对困难的，若过长则匹配时间就会增加，算法的效率就会显著降低。相反，若过短则会无法切分长度超过它的词，从而使得切分准确率下降。

（二）逆向最大匹配法（Reverse Maximum Matching Method，简称 RMM 法）

这种方法的基本原理与 MM 法相似，但区别在于切割词语时扫描的方向有所不同。假设 MM 法按照从字符串左侧到右侧的方向进行匹配，那么 RMM 法就与之正好相反，从右到左进行匹配。不过，这两种方法的基本思路是相同的。根据实验结果，使用 RMM 法进行分词时，相对于 MM 法而言，切分的正确率会略有提高。尽管 RMM 法可行，但其要求使用逆序排列的切词词典，这与人们的语言习惯不符，并且在词典的修改和维护方面存在不便之处。

（三）逐词遍历匹配法

这种方法会将词典里的词按照长度逐个与待分词的文本进行比对，直到成功地将文本中所有的词都正确地分出。这种方法需要逐个匹配词典中的每个词，因此计算复杂度较高，切词速度变慢，效率较低。

（四）双向扫描法

使用 MM 法和 RMM 法分别对文本进行正向和逆向扫描，然后进行初步切分，这种方法被称为双向扫描法。如果 MM 法与 RMM 法的初步切分结果相同，则可以确认分词的正确性；如果两者不同，则会出现疑点。在这种情况下，需要根据上下文信息或进行手动选择，才能找到正确的分割位置。因为必须进行正反两个方向的扫描，所以执行时间会变得更长。此外，为了能够支持正向和反向两种排序的匹配和搜索，该词典的结构会比普通的切词词典更加复杂。

（五）最佳匹配法（Optimum Matching Method，简称 OM 法）

为了优化切词效率，切词词典中的词条按照词频从高到低排列，使得查询时能够更快地找到常用词语，提高切词速度和准确度。这种方法并没有改进切词算法本身，只是对切词词典的排序方法进行了调整。尽管它减少了切词的时间复杂度，但并未增加切词的准确性。

（六）设立切分标志法

在书面汉语中存在两种切分标准：一种是自然的切分标志，如标点符号，在标点符号的限制之下，词与词之间不能进行跨越，可以说标点符号是一种既定的边界形式；另外一种是非自然的切分标志，如仅能出现在词首的首字、仅能出现在词尾的尾字、不能被构词组合成新词的单音节单纯词、多音节单纯词等。这种方式可以有效避免分词过程中出现语义歧义和错误。显然，词汇无法越过这些标志并存在，这也必定是词汇的边界所在。如果我们积累了很多这样的切分标记，在进行分词时，可以先找到这些标记，将句子拆分成更小的部分，再使用 MM 法或者 RMM 法进行进一步的切词。采用此种方法进行分词，需要额外的时间用于扫描切分标志，并使用存储空间存储非自然的切分标志。这些附加内容导致切词算法在时间和空间上的复杂度明显增加，但并没有提高分词的准确性。因此，这种技术并没有被广泛应用于自动切词系统。

（七）有穷多级列举法

这种方法把现代汉语中的全部词分为两大类：一类是像名词、动词、形容词那样的开放词，这些词的内容几乎是无限的；另一类是闭锁词汇，包括连词、助词、叹词等，它们可以列举出来。在进行切词时，首先，将带有特殊标志的字符串切出，如阿拉伯数字、拉丁字母等；其次，将可列举的闭锁词切分；最后，逐层切分开放词。这种切词方法完全符合语言学的要求，但在计算机上实施将面临一些挑战。

（八）联想—回溯法（Association-Backtracking Method，简称 AB 法）

为了实施这种方法，需要建立三个知识库：一个包含特征词的词汇库，一个包含实词的词汇库，还有一个规则库。首先，需将待切分的汉语字符串按照预设的关键词库进行划分，以获得一系列子串。这些子串可能是单独的词，也可能是由多个词组成的词组。其次，使用实词库和规则库来将词组进一步分类为单独的单词。在进行切词时，需要运用语法知识，并建立起联想和回溯的机制。这能够帮助我们准确地进行切分词。联想机制由联想网络和联想推理两个部分构成。联想网络能够分析虚词的构词规律，联想推理可以利用相应的网络判断虚词是被视为独立的单词，还是构成其他词汇的一部分。回溯机制在切分有歧义的句子方面具有重要的应用价值。尽管联想—回溯法的复杂度较高，但它的切分词的准确率较高，因此是一种可靠而有效的方法。

（九）基于词频统计的切词法

这种方法利用词频统计来辅助处理切词过程中的歧义切分。例如，有两个词 AB 和 BC，词频统计显示 BC 出现的频率比 AB 高。在进行 ABC 的分词处理时，应该将 BC 作为一个独立的词，而将 A 作为另一个独立的词，而不是把 ABC 拆分成 AB 和 C。这样可以避免歧义。这种方法的不足之处在于，它仅基于词频，因此经常在切分频率较低的词时出现错误。

（十）基于期望的切词法

这种方法认为，一个词一旦出现，那么这个词后面的词的出现概率有一定的可预测性，即某些词可能出现的概率，根据这些概率就可以在相应的词表中找到这些词，通过这种方法完成切词过程。尽管这种方法会增加切词时的空间复杂度，但它可以在一定程度上降低切词过程中的错误率，从而提高整体准确性。

此外，还有一些基于专家系统和基于神经网络的切词方法被发明，这些方法运用人工智能技术来自动分割汉语书面语，取得了相当不错的成果。另外，一些学者提出了不依赖于词典的自动分词方法。

MM 法、RMM 法和逐词遍历匹配法是最传统、最基本的切词方法，其他的方法需要较多的人工干预，缺少灵活性。在汉语书面语的自动切词系统中，一般会采用多种方法相结合的方式，从而达到最佳的切词效果。通过对词汇的统计与词表的制定、机器词典的相关运用、现代汉语文本的自动切词与标注内容的分析研究，我们能够了解到，随着计算机技术、互联网等新兴技术的迅猛发展，语言学的研究和应用拥有了更为广阔的平台。语言与技术相辅相成、相得益彰。

第六章　传播语言学理论及应用研究

本章的主要内容是传播语言学理论及应用研究，分别从三个方面进行相关论述，依次是传播语言学的理论知识、传播语言学在广告领域的应用、传播语言学在新媒体政务领域的应用。

第一节　传播语言学的理论知识

本节内容为传播语言学的理论知识，主要包括传播语言学的性质、传播语言学的相关概念——国际传播语言学及传播语言学的研究意义。

一、传播语言学的性质

研究传播语言学，首先应该明确其性质。关于传播语言学的性质，齐沪扬在《传播语言学》中提到，传播语言学是语言学的分支学科。语言学是一门领先的科学，对其他学科的发展有极大的渗透力和影响力。例如，转换生成理论在机器翻译、人工智能、心理学等方面都有很大的影响，但这只是问题的一个方面；另一方面，语言学在其发展的过程中，也受到多门学科理论和方法的影响，丰富了语言学的研究领域和方法，促进了语言学的发展。语言学史表明，语言学不是从纯语言的土地上成长起来的。……就语言学来说，跟社会科学、自然科学、技术科学诸多学科结合后，产生了心理语言学、社会语言学、神经语言学、工程语言学、病理语言学、数理语言学、计算机语言学等交叉学科，传播语言学应该是其中的一种。①

索燕华、纪秀生在他们所写的《传播语言学》一书中明确了传播语言学属于应用语言学。他们认为，传播语言学是一门新兴的综合性学科，它是语言学和传

① 齐沪扬．传播语言学 [M]. 郑州：河南人民出版社，2000.

播学结合的产物，同时又与新闻学、广告学、文化学和社会心理学等有密切的联系。传播语言学作为一门新兴的学科，它是从语言学和传播学的学科理论的融合中成长起来的。……传播语言学不是从传播学的角度来研究人类语言问题的，而是从语言学的角度来探讨语言与传播的关系的，考察语言的传播功能及语言特性在人类传播活动中的变化规律。所以说，传播语言学是语言学的分支学科。①

笔者同意索燕华、纪秀生《传播语言学》一书的观点，认为传播语言学属于应用语言学的范畴。传播语言学应该研究语言符号在传播活动中应用的特征、规律，这样一来，既提高了人们传播活动的水平、效益，也为更深入地研究语言本体提供了支持、帮助。"应用语言学是由社会实践的需要而产生的，它必然要反过来去指导现实生活。……应用语言学的研究目的是要建立关于语言在社会实际中具体运用的方方面面的理论和方法体系。"②

二、传播语言学的相关概念——国际传播语言学

国际传播是在不同文化之间进行的交流活动。研究国际传播语言学需要创造性思维。基于此，对国际传播语言学进行分析有利于我们突破旧的思维模式，加强相关学科之间的联系，取长补短。

（一）国际传播语言学的定义及研究意义

每个领域都有一套自己的语言，如文学语言、传播语言、艺术语言、外交语言等。国际传播语言学研究的是国际传播语言。概括地说，国际传播语言学是一门由语言学、传播学和跨文化交际学交叉渗透、协同互补而形成的学科。它是现代科学发展过程中由于各门学科的相关性而出现的边缘学科。

国际传播语言学是一个含有许多既相互独立又相互联系的子系统的有机整体，是以信息论、系统论、控制论为研究方法，运用语言学、传播学、跨文化交际学等学科的理论和成果来解释并研究国际传播语言现象及其规律的一门涉及面广泛的综合性学科。国际传播语言学是研究在国际跨文化的信息传播活动中语言使用的状况、特点、规律和发展趋势的一门有特色的学科。

国际传播语言学这门新兴的学科具有十分重要的理论意义和实践意义。在经济全球化的今天，它是社会发展所需。我们需要运用多方面的知识，对国际传播

① 索燕华，纪秀生．传播语言学[M]．北京：北京师范大学出版社，2010．

② 唐凯麟．哲学 文学 教育学[M]．北京：中国人事出版社，2000．

语言进行综合性的研究，以揭示国际传播语言的规律，论证国际传播语言的原理，寻找国际传播语言的研究方法，指导国际传播语言的实践。

（二）国际传播语言学的理论来源

当代社会是信息的社会，语言作为一种信息系统，在社会的交际活动中起着非常重要的作用。语言符号承载的是信息，信息是传播过程中的要素。对传播中使用的符号的研究是传播研究的重要组成部分。传媒语言具有现代性、广泛性的特点。大众传媒的题材范围较大，报纸杂志和广播电视的内容涵盖了社会生活的方方面面。要使语言成为大众传媒理想的工具，就必须了解传媒语言的特色，掌握其规律。媒体语言研究包括广播影视语言研究、播音员和主持人语言研究、网络语言研究、报刊语言研究、广告语言研究、新词语研究等。随着社会的发展，人类的语言传播经历了口语传播、文字传播、印刷传播、电子传播、网络传播等阶段。但是不论在哪个阶段，传播都离不开语言这个最基本的要素。因此，传播和语言是息息相关的。语言学是国际传播语言学的一个重要理论基础。

传播是人类社会生活不可缺少的活动。任何人都是在特定的社会结构中生活的，每个人或每个组织都需要和其他人、其他组织进行社会接触，这只有通过互相传播信息才能实现。传播信息起着桥梁作用，使个体与个体、个体与组织、组织与组织相互关联。没有传播就不能形成社会。在日常生活和工作中，我们随时都在有意或无意地向周围环境传播信息，同时我们又随时在接收外界传来的信息。传播学研究传播的概念和本质，信息与对象交互作用的规律，信息的产生与获得、加工与传递，各种符号系统的形成及其在传播中的作用，各种传播媒介本身的地位和作用，传播与社会各领域、各系统的关系等。对于国际传播语言学研究而言，传播学是不可缺少的一个重要理论基础。

国际传播是在不同文化之间进行的交流活动，因此，跨文化交际学也是国际传播语言学的一个重要理论基础。此外，国际传播语言学还涉及符号学、语义学、语用学、修辞学、文学、民族学、翻译学等学科。

国际传播语言学是一门交叉学科，它是通过不同学科的相互作用和相互结合而产生的，具有跨学科性。

（三）国际传播语言学的主要特点

国际传播语言学主要具有以下几个特点。

1. 综合性

国际传播语言学是语言学、传播学和跨文化交际学的交叉学科。在研究的过程中，需要参照其他学科的研究过程和研究成果，联系个体因素，社会因素和自然因素，对国际传播语言的各个方面做综合的考察。

2. 系统性

在探讨国际传播语言学的结构时，我们首先要把它看作一个由语言、传播、文化等子系统构成的有机整体，因而要广泛地研究各个子系统之间的相互联系和相互制约的现象，以实现对整体结构和过程的把握。系统在整体上的性质并不是其组成要素性质的机械相加之和，而是整体大于部分之和。在对系统进行研究时，要注意系统的结构是分层次的，不同层次的结构之间既有量的区别，又有质的差异。低层次的结构是高层次结构的基础，高层次的结构制约着低层次的结构。我们要从系统整体出发，把研究对象视作一个由相互联系、相互作用的要素构成的有机整体。

3. 科学性

科学是人类探讨事物构造和规则的理性认识，是对理性活动成果的理论性、体系性的认识。国际传播语言学之所以能成为一门学科，就是因为它具有不同于其他事物的客观规律性。人们在研究国际传播语言活动的过程中，逐渐认识了国际传播语言的规律。我们要通过科学理论的指导，运用科学的方法，取得对国际传播语言的规律性认识，并用它来指导具体的实践。科学性可以保障理论研究与经验研究、定性分析与定量分析、宏观探索与微观探索、动态考察与静态考察的有机结合的实现。

4. 实践性

国际传播语言学不是一门纯理论的学科，它是一门实践性很强的学科。研究国际传播语言学的目的在于更好地为现实社会服务。

实践是检验真理的唯一标准。只有通过实践才能使理论与现实紧密地结合起来，只有通过实践才能检验出国际传播语言学理论的正确性，只有经过不断实践，国际传播语言学的理论才能不断地发展和完善。

5. 创造性

任何科学研究都不能没有创造性。单一学科的直线研究，其创造性主要表现为代替性，即提出新概念代替旧概念，创立新理论代替旧理论。而交叉研究则表现出了一种独特的创造性，即综合创造性。研究国际传播语言学需要有创造性思维，要突破旧的思维模式，加强学科之间的渗透，取长补短，寻找解决国际传播语言问题的新途径。创新精神需要有宏观思维，即整体综合思维。宏观思维就是指能从各个方面、各种角度全面审视和考察研究对象及其与外部世界的联系的思维，也指通观全局、把握全局的能力。要达到一个制高点，从纵览全局中透视问题。宏观思维具体表现为判断能力、比较能力和洞察能力。要能对事物进行正确的判断，能对各种事实做纵向和横向的比较鉴别，了解事物之间的相似性、特异性及相互联系。要能以深刻的洞察力来分析复杂的社会现象，透过事物的表面现象挖掘事物的本质。创造性思维应该具有宏观性、多向性、求异性、开放性和前瞻性。创造性的工作必须与时俱进，不断探求新情况，研究新问题，善于发现新事实，善于总结解决当前问题的新方法，善于捕捉给人以启迪的各种新思想、新观点，善于探寻事物发展的新趋向。

（四）国际传播语言学的研究范围及应用领域

国际传播语言学的主要理论来源是语言学、传播学和跨文化交际学，因此，这三门学科成了国际传播语言学的研究基础。要研究国际传播语言学，必须对这些学科有比较系统的了解。

国际传播语言学还涉及符号学、语义学、语用学、修辞学、民族学、翻译学，国际语言学等学科。此外，国际传播语言学还研究报刊、出版、广播、电视、电影、网络等大众传播媒体，能够帮助我们更好地了解大众传媒语言在国际传播中的应用现状。国际传播语言学要研究国际传播媒体语言的特点，包括报刊语言的特点、广播电视语言的特点、网络语言的特点、新闻语言的特点和广告语言的特点。

国际传播语言学与世界上语言的使用状况、世界上的主要语言、国际传播中的语言转换——翻译等都有非常密切的关系，所以它们都是国际传播语言学研究的重要内容。

我们认为，作为国际辅助语的世界语是国际传播的理想语言，为了从根本上解决国际传播中的语言问题，我们应该研究世界语，积极宣传与推广世界语，消除国际传播中的语言障碍，提高国际传播的效率，更好地促进国际传播语言学的发展。

国际传播语言学的应用范围很广，包括国际信息和文化传播活动及广播、电视、报纸、杂志、新闻、出版、电影、网络等大众传播媒体，以及广告、翻译、影视片的译制等。

国际传播语言学的应用领域还包括国际传播语言人才的培养，外语教学与对外汉语教学，以及世界语的规划与推广。

（五）国际传播语言学的研究方法

研究方法在科学认识的深化进程中起着重要的作用。国际传播语言学的研究方法具有一般科学方法论的某些特征，同时也有一些自己的特点。国际传播语言学研究方法主要有资料搜集、数据采集、实地调查、分析对比归纳总结、理论探讨等等。

我们要对国际传播语言学做系统的探讨，就要进行多角度的透视，展现其各个层面的特点和规律。在研究过程中，要贯彻“中学为体，西学为用”的原则，既借鉴西方的理论和方法，又立足于中国的实际，坚持求真务实的原则。研究语言就要对大量语言事实做深入调查，不能只是在一个狭小的领域中研究，我们的研究需要涉及古今中外的许多领域，要把理论和实践、基础研究和应用研究、文献研究和活的语言研究结合起来。

国际传播语言学及其研究的对象不是封闭的，它的研究方法需要不断发展、深化，以保证它的丰富性和科学性。科学研究应该以观察获得的数据为基础。为了解释研究对象的共性，需要采用思辨的方式来建立一系列抽象的、具有普遍意义的概念、范畴和模型。事物的内部存在着有机的联系，事物之间的关系具有不可分割性。因此，我们要全面地观察和研究问题，从而对研究对象进行整体的认知。

1. 辩证逻辑法

（1）分析与综合

客观世界的事物是由各个不同的部分、不同的方面、不同的因素、不同的层次组成的，因而具有许多不同的属性。为了认识整个事物，人们就必须首先逐个认识它的组成部分，通过分析研究，看到它内在的东西，即本质的东西，才能认识事物。

分析是把事物分解为各个部分并加以考察的方法，它会将研究对象的整体分为方面、因素、层次等，然后分别观察其属性。这种方法暂时不关注各个部分之间的联系，目的是深入了解各个部分的情况。

分析的客观依据是客观事物的整体与部分的辩证关系。分析是以分解为基础，通过分解使组成事物整体的各个部分及其矛盾暴露出来，加以研究，以便从事物的众多属性中找出其基本属性。分析的方法是多种多样的，有定性分析、定量分析、因果分析等。分析在认识活动中具有重要作用。它可以达到实践活动尚未达到的广度和深度，深入事物的内部，把握事物的本质和规律，使感性认识上升到理性认识。但是分析也有局限性，它只注意研究局部、部分和片段，不注意研究事物之间的整体联系。如果只强调分析，忽视综合，就容易得出片面性的结论。分析只能解决研究对象各个部分所具有的属性的认识问题，它不能解决研究对象的统一的整体的认识问题。为了解决整体的认识问题，还必须运用综合的方法。

综合是把事物的各个部分、方面或要素有机地联结起来加以考察的逻辑方法。它的客观依据也是客观事物整体和部分的辩证关系。综合是客观事物的内在有机联系在思维中的再现。通过综合，我们就能够全面地从整体上把握客观事物的内在联系，从而更深刻、更准确地认识事物的本质和规律。

综合以分析为基础，分析以综合为归宿。综合并不是研究对象各个构成要素的简单相加，而是要明确研究对象各个部分在整体中的地位和作用，探求研究对象各个部分之间相互联系的方式。综合的目的在于把握事物本来的联系，克服分析造成的局限，揭示出事物在分割状态下没有显现出来的整体特征。

分析与综合是认识过程中相互联系着的两个方面，是一种统一的思维方法。人们就是借助这一方法揭示事物的本质和内在联系，获得关于事物多样性统一的具体知识的。分析和综合是一个内在统一的过程，二者互相依赖，并在一定条件下相互转化。只有进行全面细致的分析，深入了解事物各个方面，才能做出正确的综合。这种分析是以客观事实为基础的。在分析事物之前，我们需要先了解客观对象的整体概念，因为我们的分析是基于这个概念来进行的。在辩证思维中，通常是综合中有分析，分析中有综合。在思维过程中通过详尽的分析，抓住了客观事物诸方面的本质，思维活动就会由分析转变为综合，形成对客观事物的统一的整体认识。每一个在分析基础上通过综合得出来的结论，都既是前一阶段认识的终点，又是下一阶段认识的起点。作为综合性认识，须在进一步分析中得到深化。分析与综合在后一层次上的重复总是比前一层次深刻得多。人们认识事物从现象到本质、从不太深刻的本质到更为深刻的本质的过程就表现为“分析—综合—再分析—再综合”这样的前进运动。

（2）归纳与演绎

归纳是在实验基础上抽象和概括事物之间关系的一种研究方法。它是一种由个别到一般、从特殊到普遍、从经验事实到事物内在规律性的认识手段和模式。

归纳这种方法的特点是结论内容超出了前提所包含的内容。运用归纳这种研究方法应注意用经验事实和实验对归纳的合理性和正确性进行验证，还必须注意用更概括的归纳校正所归纳的结果。

演绎这种研究方法会对研究的对象进行某种假设，然后根据假设进行推理。这种假设推理往往以某种理论为基础。演绎一般用于对某一具体现象的单个因素的分析。这种分析方法在研究过程中需要把概念性的东西转化为可操作性的因素，以此来进行分析研究。演绎可以是从一般到特殊的推理，也可以是从一般到一般、从特殊到特殊的推理。

在研究中，具体方法和步骤一般是在特定的理论框架内的，在相关的事实基础上，根据已经获得的数据的分析提出假说，然后使用各种不同的数据对假说进行检验，在检验的过程中不断地修正假说，使其不断地接近真理，成为理论。以下这种研究方法通常称为理论逼近法，先对部分事实进行观察，从中概括出最简单的规则，称为第一理论逼近，再把第一逼近放在另外一些相关事实中去检验，再对已有规则进行修改，形成第二理论逼近，依此类推，得出第三理论逼近；直至最后逼近真理。

（3）抽象

抽象是在对资料进行科学分析的基础上，抽取对象的本质属性，舍弃非本质属性的方法。任何对象都有许多属性，要将对象的每一个属性都进行研究是不可能的，也是没必要的。我们要研究的是其具有实践意义的、本质方面的属性，因此，就要使用抽象的研究方法。运用抽象这一方法时，要注意抽取的必须是对象所固有的本质属性。

认识不仅仅要停留在感性阶段，还要上升到理性。要使用辩证思维方式，实现由感性具体到抽象规定的转变，还要实现抽象规定到理性具体的转变。人们的认识过程的主要发展脉络是“感性具体—抽象规定—理性具体”。抽象规定是建立在思维分析活动之上的，在这个过程中要把一个事物进行分解，提取出隐藏于事物表象之下的属性、特点、关系，再选取必然和本质的东西，剔除偶然与非本质的东西，从而形成事物的概念。任何事物都是多个属性、特点、关系的统一，任何一个抽象的规定都不能将事物的所有方面进行涵盖，它只能对事物的某些特点、属性进行反映。因此，要想整体地、全面地把握事物，就要在抽象的基础上采用综合的研究方法，对事物形成深刻、完备的认识。

（4）分类

所谓分类是将资料按照某种分类标准，进行不同类型的划分的过程。分类在有的情况下也指研究的步骤。以下我们会对分类的两种类型进行阐述。

①根据研究对象自身的情况对资料进行归类整理，如文献资料可分为传播学资料和语言学资料等。

②根据研究目的和研究需要，大致地把资料加以归类整理，如我们可以把一个课题分为几个部分，把每个部分的历史资料和现状资料都汇集到一起。

这两种对文献资料进行分类的方式，各有其特点和要求。第一种方式的要求相当严格，不允许资料分类出现交叉或重复现象，每一份资料均必须分类到唯一的类别中。第二种方法非常实用。随着研究的不断深入和资料的不断积累，文献分类方式也有可能发生变化。同样的文件可能会在研究的不同阶段或不同部分中被分到不同的类别中。

对于文献分析和研究活动来说，资料的分类整理是必不可少的步骤。为了理解和掌握文献内容，需要对其进行分类整理。这需要研究人员具备相应的逻辑思维能力，以及对研究课题和分类知识的深入理解。研究人员如果没有这些能力，就很难做到对资料进行准确的分类。

（5）比较

比较这种研究方法用一定的标准，对可比的现象通过多种途径进行比较、对照，判明其异同，分析其缘由，形成抽象思维和概念，从而找出现象中的共同规律和特殊规律。比较的研究方法有两种形式：类比法和比较法。类比方法是根据两种事物在某些性质上相似，进而推断出它们在其他方面也可能相似的一种方法。运用这种方法可以开阔思路，作出科学的预言。比较是对两种或两种以上事物的研究方法，通过分析比较我们可以得到两种或两种以上事物的相同点和不同点。

比较的研究方法的研究方面也有两种：一种为系统全面的比较，包括构成事物的各个方面；另一种则是局部的比较，研究事物结构的某一个特定方面。

比较的方法主要有四种。

①在相似的对象之间寻找共同点；②在不相似的对象之间寻找差异点；③在相似的对象之间寻找差异点；④在不相似的对象之间寻找共同点。

创造性科学思维采用纵横结合的比较方法，既把具有同时态的相对稳定的空间结构的各种事物加以横向比较，又把事物看成具有历时态的演化发展的时间结构，从历史的角度加以纵向比较。这种纵横结合的比较的研究方法，有助于我们更加全面地认识事物的本质和规律。我们要发挥求异思维的功能，从相同事物中寻找不同点，从一般性中寻找特异性，从比较中寻找个性，多侧面、多层次地反映客观事物的本质。

2. 历史研究法

历史研究法是研究中的一种重要方法。国际传播语言学对任何语言现象的研究都离不开对它的历史过程的考察。历史研究法就是要追溯国际传播语言现象的纵向历史联系。历史研究法要求研究者掌握历史演变与发展的脉络，参照文献资料，认识国际传播语言在过去时代的存在形态及对现代国际传播语言的影响，并从中探求国际传播语言未来发展的一般规律。历史研究法可以通过对历史发展过程的剖析，加深对国际传播语言学的意义与价值的认识。

历史研究方法以平行对比的方式对特定时期的发展状况进行比较，以便发现彼此之间的差异和共同性。历史研究法是一个综合的概念，它是在历史的框架上运用哲学、语言学、传播学、跨文化交际学等多方面的知识对国际传播语言学进行考察的方法。

3. 实地考察法

实地考察法是对国际传播语言表现形式直观观察的一种经验方法。历史文献中保存的文化资料或其他现代人搜集的资料，对研究者本人来说都是第二手资料。研究者不能满足于这些资料，必须对某些研究对象做实地考察。这种实地考察可以使研究者获得第一手资料，还有可能发现某些有重要意义的、事先难以预知的事情。

此外，实地考察还可以丰富研究者的感性知识。对于活的语言文化现象，任何文字记录都不可能做到非常完美。有些属于民族心理和民族特点的东西，只有身临其境才能感受得到。实地考察法是国际传播语言学研究中最可靠的研究方法。它既可以使研究人员获得忠实可靠的资料，又可以修正、补充前人调查资料的不足。

4. 个案研究法

个案研究法是一种重要的研究方法，研究的对象往往单纯地集中在一个目标上。个案研究法是暂时撇开研究对象的横向联系，对单个事物进行分析和综合，描述其特征，以达到具有普遍意义的研究成果的研究方法。如果没有个案研究，比较研究就缺乏坚实可靠的基础。

个案研究法是一种聚焦于特定的具体现象而进行深入缜密研究的方法。抽样要有代表性，要能代表整体。这样，被调查的部分研究对象就能成为整个研究对象的缩影。个案研究法需要运用大量的事实数据和调查考证，它的逻辑实证性很强，要求以具体翔实的材料来增强说服力。

5. 整体研究法

整体研究法是对研究对象进行全方位考察的方法。运用这种方法进行研究时，会把研究对象视为统一的整体。每一个要素都不是孤立存在的，每一种现象之间都存在着有机的必然联系。孤立的研究不能说明研究对象系统的整体特性与内在联系，因此，必须抓住系统的各个要素、层次、方面，进行综合认识。

全面描述法是全面观察和系统描述相结合的研究方法。它用归纳的方法，对研究对象进行全面、系统的描述，进而形成命题和假设以供研究验证。不论是宏观描述还是微观描述，都要求尽可能准确、客观、全面地考虑到所有的相关因素，这是全面描述法的一个必要条件。

宏观和微观考察是一种基本的层次分析方法。宏观考察把注意力集中在整体的、系统的、全面的、合成的层次上。微观考察注重部分的、单个的、细节的具体分析。这两个层次是紧密联系的。对于复杂的国际传播语言现象的把握，有赖于两者的有机结合。

6. 数学模型法

数学模型是定量分析的主要形式，建立一个合适的数学模型是应用数学方法分析和解决问题的关键。数学模型是将所研究的现实原型的本质特征和关系，用数学语言表达出来的一种形式化结构。它可以是一个或一组方程式，也可以是一个或几个函数式，还可以是几何图形。数学模型的表现形式是多样的，数字、字母、方程式、图表等都可以作为数学模型。作为科学研究的一种工具，数学模型有以下三个特点。

①高度的抽象性。数学模型是一种形式化的抽象结构，它舍弃了研究对象的具体内容，只考虑其数量关系和空间形式，然后把这些数量关系和空间形式做进一步的抽象处理，并用形式化的符号语言表述出来，以便对其展开逻辑推演或数值运算。

②结果的精确性。运用数学模型得到的论断是精确的，这一特点的依据在于数学推理的逻辑严谨性和数学运算的确定性。数学模型的求解是指按照严格的程序和规则进行的逻辑推演和运算。数学模型主要用于揭示事物的量的关系。

③功能的预见性。数学模型的功能不在于描述事物过去和现在的状态，而在于预测事物未来的状态和变化，因而具有高度的预见性。

不同的分析方法用于不同的研究对象和目的，每种方式都有其优势，也都有其不足之处，我们在研究的过程中可以结合运用。定性研究多用综合式和启发式分析方法，因为这些方式的分析结果以提供模式规律为主；定量研究多用分解式和演绎式分析方法，因为这些方式的分析结果以提供某个因素的作用和影响为主；控制式和操作式的分析方法常用于实验性研究，通过控制和操作得到预期得到的某一现象的结果。

国际传播语言学的研究工作可以从两个方面深入开展。

第一，在宏观方面更加深入地研究人们在各种国际传播中的语言行为及特点，探索语言使用与各种环境因素之间的相互关系，确定国际传播语言活动的模式、原则和规律。

第二，在微观方面进一步揭示语言符号在国际传播中的运用技巧，深入研究语言结构各个层面的运行机制，并且对其功能进行描述。

科学的生命力在于创造性地开拓。社会总是在不断的发展中前进，研究工作需要在不断深化认识客观世界中创造新的研究方法。随着客观世界的变化和科学技术的进步，我们的思维方式与研究方法也要有新的发展。

三、传播语言学的研究意义

传播语言学的研究意义主要体现在以下三个方面。

（一）对语言学研究的贡献

这可从两个方面来看。

第一个方面是对语言本体研究的贡献，语言本体研究需要研究语言在各领域使用、发展、变化的事实，而发展、变化是由多种因素碰撞影响产生的。今天我们正走向高度“综合的时代”。“综合的时代”中的“综合”，主要是指不止一门学科主导，而是多门学科进行结合、碰撞，从而形成的一个中间区域。科学研究人员在这个中间区域中形成不同于自己现有知识的新意识。语言除了自身是一个十分复杂的系统外，它还会和世界上其他的现象与事物产生联系与碰撞，这些现象不仅仅有社会现象还有自然现象。

传统语言研究不可避免存在一些局限性，这些局限性主要体现在将语言研究孤立化和封闭化，只对语言内部进行分析，而没有将其与其他领域相结合，因此就忽视了一些语言所具有的社会功能，也无法对语言的本质进行深刻的把握。也正是因为这种局限性、片面性的存在，使得我们在进行语言研究时，陷入一种闭塞的空间范围，研究过程中的思维能力也无法得到充分的展示与体现。与此同时，世界是不断地、快速地变化着的，新的语言现象层出不穷，我们在语言研究上存在的局限性，也使我们无法很好处理和应对新出现的语言现象。要想改变这种状况，必须破除单一化的研究模式，充分融合其他学科的理论与方法，对语言的现象进行全面的、多角度的把握。只有这样才能实现语言学的健康发展。传播语言学，将语言聚焦于大众传播活动之中，对其进行全方位、更加细致的考察与研究，对语言的功能、本质进行深入的分析，把握整个语言系统的内部规律。传播语言学在应用多种方法，交叉多种学科领域的基础上，为我国语言学的长远发展和综合性提升提供了基础和动力，也使得我国语言学的未来发展变得更为明朗。

第二个方面是对语言应用研究的贡献。据某些学者观察，随着应用语言学和社会语言学的发展，研究者已经开始关注到了语言研究中的一些新领域。语言研究已经涉及法律、新闻、广告、广播电视、医疗卫生、公安侦破等领域，并逐步发展成为法律语言学、新闻语言学、广告语言学等相关学科。然而，总体而言，我国在语言研究方面设涉及的领域相对较少，仍存在许多未被探索的领域。许多研究采用的仍是较传统的研究方法，侧重于具体问题的探讨，而较少进行理论的推广和深入思考。造成这种现象的主要原因是，在语言学领域，核心研究和语言教学研究往往得到更多的重视，而其他领域得到的关注相对较少。尽管进行了一些相关的探讨，但是许多人仍然更多地关注特定词或语言现象，并主要致力于纠正错误和规范用法。在这种情况下存在的一个问题，即缺乏全面观察和深入分析整个领域的语言使用，并忽略了对语言规划系统的考虑。进行科学的语言研究需要结合各个相关学科的知识。另外，最好能组建一个由语言学家和相关专家构成的团队，共同协作开展研究。具备多领域知识的专业人才及多元化的研究团队是实现语言研究目标的基本要素。以往一些领域的语言研究主要是由语言学家负责，着眼于语言学和写作学等方面。尽管这些学者取得了许多有价值的成果，但他们的研究缺乏跨学科的视野，只专注于某一领域。这种狭隘的研究方法限制了成果的应用范围，难以将其与其他领域结合起来，从而影响了成果在相关领域的推广应用。领域语言学的发展和建设对于推动语言学的进步有着至关重要的作用。不同学科领域的语言使用需求各不相同，具有针对性的语言解决方案也因此应运而生。

传播语言学研究语言在传播活动中的应用，既属于应用语言学的研究，也属于领域语言学的研究。应用语言学必然要研究语言在各领域、行业的使用。

（二）信息化社会的需要

“信息化”的概念最早出现在20世纪60年代初。通常认为，信息化是一种不断发展的过程，其中信息技术和信息产业在经济和社会的发展中扮演着越来越重要的角色，并逐渐成为主导力量。在当今信息化的时代，知识和信息已经变成了极其重要的生产力，它们和物质、能源一起构成了社会不可或缺的资源基础。信息社会中，信息和知识经济是占据主导地位的产业，在这种社会背景下员工需要具备高水平的知识技能。科技和人文方面的知识在信息和知识的应用中缠绕在一起，形成了更加紧密的联系。

社会信息化也是中国走向现代化的必由之路，信息化不但可开创资源开发的新思路，促进科学技术的产业化，同时，它还将大大改变传统的社会生产和生活方式，促进社会向更文明、更协调、更民主的方向发展。更重要的是，信息化将改变传统的教育方式，提高人的可持续发展能力，从实质上提高社会的可持续发展能力。而信息传播对于信息化社会是必不可少的。司有和主编的《信息传播学》中提到，信息传播需要考虑四个要素：信息的传播者、信息传播的内容、信息的传播方式及信息的接收者。信息传播必须由信息的传播者发出，否则传播无法实现。若没有信息的接收者，则传播活动也无法成功完成。传播需要有内容，如果没有内容，传播就无从谈起。同时，还应该有为了传播某一内容必须借助的工具，即传播媒介，没有传播媒介，即使存在传播者、受传者和传播内容，传播活动还是无法进行。[①] 这里的“传播媒介”有必要进一步明确。一般人只将其理解为报纸、广播、电视、网络等媒介平台，而实际上还有一种传播媒介，即传播中使用的语言符号。信息传播中如何高效地使用语言符号，是很值得研究的。

（三）提高传播的效率

当今的时代，不仅是一个“综合”的时代，更是一个“应用”的时代。《关于加快改革和积极发展普通高等教育的意见》中明确提出，要稳定基础学科规模，适当发展新兴和边缘学科，重点发展应用学科。因此，大力开展作为应用语言学的分支学科——传播语言学的研究活动是社会发展的必然，也是学科发展的需要。成熟的、富有应用价值的传播语言学无疑也会满足人类社会生活的实际需求。传播语言学作为新兴的综合性、边缘性学科方兴未艾，有着广阔的发展前景。随着传播技术的迅猛发展和信息化社会的到来，研究人类语言符号的信息传播规律，探索媒介语言的传播奥秘，阐明人类语言的交际性质和发展规律，提高传播效率，已成为当代越来越重要的研究课题。

---

① 司有和．信息传播学[M]．重庆：重庆大学出版社，2007.

第二节　传播语言学在广告领域的应用

从现实的角度来看，广告与新媒体政务这两个领域所面向的受众更广，且与社会生活的联系十分紧密，因此，本章的第二、三节主要对传播语言学在广告、新媒体政务这两个领域的应用进行相关论述。

本节的主要内容为传播语言学在广告领域的应用，包括广告的基本概念及相关术语、广告诉求的主要策略、广告语境特征的理论知识、广告语篇的结构及创作应用。

一、广告的基本概念及相关术语

有人认为广告没有形成一种语体，内部复杂而难统一；而有人认为广告是融合语体的，但内部差别大。这是由于广告的商品、服务不同，主题不同，诉求策略不同，创意思维不同等。因此，要想理解广告言语传播的规律，必须先理解这些广告的基本概念和原理。

（一）广告的基本概念

什么是广告？关于广告的定义有多种，总体上分为广义和狭义两种。广义的广告，即“广而告之”，商业广告、公益广告、政府公告及其他形式的广告，都算广告，广义广告的内容和对象十分宽泛；狭义广告指商业广告，具体是指通过大众媒体传播的广告。一般广告论著主要研究的是商业广告，我们这里也是同样。关于狭义的广告，陈培爱的《现代广告学概论》一书提到，广告是营利性的活动，……广告是由广告主付出某种代价的信息，经过艺术加工，通过不同媒体向大众传播，达到改变或强化人们观念和行为的目的。[①] 具体来看，商业广告有如下几个特征。

第一，广告是付出一定代价的信息。广告是营利性的活动。如美国销售协会定义委员会的广告定义中提到的“付出某种代价”。

第二，广告的本质是一种信息传播，具有信息性。

第三，广告是非个人传播行为，广告以公众传播为主。

第四，艺术加工。广告必须经过艺术加工，这是为了达到更好的广告效果。虽然在上述广告定义中未涉及此项，但我们认为，广告如果要达到更好的效果，

① 陈培爱．现代广告学概论[M]．北京：首都经济贸易大学出版社，2004.

就必然要运用一些艺术和先进技术进行包装。当然，广告不能为艺术而艺术。

第五，劝服企图。广告带有一定的劝说和诱导性。

就以内容来看，广告传播的特点主要是使用信息性、经营获利性、大众传播性、艺术加工性，说服诱导性。

广告主做广告的目的是营利，在自己营利的过程中，当然也会给受众带来利益——关于商品或服务的信息；但往往也会夸大、夸张其商品或服务的好处、优势，损害了消费者的利益。久而久之，消费者与广告主之间又会产生一些利益矛盾。关于广告的本质特性，我们还应该从广告主与消费者的关系上来研究。

（二）广告的相关术语

广告语用和广告的本质密切相关，还需要联系其策划、定位与创意等重要概念来看。

1. 广告策划

“策划”一般解释为谋划、计谋。“划”就是谋划、计划，打算做某事，什么时间做，详细点的，可以把一个较大的事件、活动分作若干阶段、步骤，就是人们一般理解的“计划”。“策划”，即策略与计划的融合。较大的商业广告活动，时间上可以是几年，空间上可以是几省、几国，媒体上可以是报纸、杂志、广播、电视、网络等，这就需要事先策划，即广告策划。

较大的广告活动在做策划前，一般先要做市场调查，收集、掌握关于商品或服务的各方面的信息，这是做策划的基础。广告策划中最重要的是定位、主题、创意等内容。

2. 广告定位

“定位”一词，最早是由美国的杰克·特劳特于1969年提出的。他在当年的《工业营销》杂志上提出了广告定位理论。后来，许多人在描述“定位”“广告定位”“商品定位”时都引用杰克·特劳特的这一说法。实际上，杰克·特劳特是从商品的角度来说明定位概念的，而商品定位与广告定位是既有联系又有区别的关系。

通过以上的分析能够得出，广告定位即根据消费者的需求及市场竞争情况，确定广告中要强调的有关商品或服务的竞争优势。

广告定位并不改变商品本身，它只是将消费者需求、竞争品牌的特点、产品的优势这三方面进行综合考虑，确定商品的宣传重点、宣传形象，然后采用多种表现手法不断优化宣传。

3. 广告主题

关于广告主题，说法不一，多数广告论著一般的说法是，广告主题就是要找出商品的意义或定出商品的位置，广告主题是广告策划、设计人员经过对广告的企业目标的理解，对产品个性特征的认识，及对市场和消费者的需求的种种因素的观察、分析、思考而提炼出来的诉求重点。类似说法，让人觉得广告主题与广告定位没什么区别。赵宏在《广告言语艺术》中提到，广告主题是广告策划、设计人员经过对广告主企业目标的理解，对产品个性特征的认识，及对市场和消费者的需求的种种因素的观察、分析、思考而提炼出来的诉求重点。……由广告定位确定广告的诉求重点，由广告的诉求重点结合消费者的心理需要确定广告主题，广告主题确定了在广告中应该说的是什么，即确定要说的主要内容。①

4. 广告主题与广告定位的区别

一般来说，不同的商品、服务，结合消费者的心理需求，可形成健康、安全、时尚、荣誉、社交、快乐、效能、方便、经济等主题类型。

第一，广告定位一般是针对广告活动的，广告主题可以是广告活动，但一般情况下是针对某一具体广告作品的。广告主题可以与广告定位可以相同，也可以不同。在较大的广告活动中，对某商品或服务进行广告定位后，具体的广告作品，可以有不同的主题。写作中讲主题，一般就是指具体一篇文章的中心思想。

第二，广告定位一定是直接根据商品或服务的某种品质或优势确定的，不能无中生有，超出其范围，不然，就会形成竞价广告。而广告主题，可以是其某种品质或优势的延伸。例如，某种商品，定位是保健，可以延伸出亲情的主题，劝服晚辈购买给长辈；也可以延伸出好身体是最大幸福的主题，劝服年纪较大者给自己购买。

第三，广告主题往往会结合目标群体的心理需求而形成。

5. 广告创意

虽然广告界都说创意为广告的重中之重，创意是广告成功与否的关键，但是，对于创意到底是什么，至今还没有一个统一、确切的定义，以至于创意带有某种神秘的色彩。

出生于英国的美国广告大师大卫·奥格威认为广告创意就是“好的点子”。李奥贝纳广告公司美国区总裁兼创意总监泰德·贝尔认为广告创意就是“创造新

① 赵宏．广告言语艺术[M]．北京：中国经济出版社，2004.

鲜感”。美国著名广告大师李奥·贝纳认为，广告创意就是“思维过程”。美国著名广告大师威廉·伯恩巴克认为，广告创意就是“创造效能”。①

以上关于广告创意的“好的点子”“创造新鲜”“思维过程”“创造效能”等说法，都是这些广告创意大师对于广告创意的深切感悟。但是，这些定义都只是说出了广告创意的某一方面，只说了广告创意的某些要求或结果，都没有说出广告创意的核心、关键。金定海、郑欢编著的《广告创意学》中提到，创意是个既清晰又含混的概念。②

我们对于广告创意的定义是，广告创意是寻找对广告主题的恰当而新颖的艺术表现形式。对于这一说法，有如下几个理由。

第一，广告创意与点子、策划、策略、主题等是有区别的。点子、策划、策略等的意义范围比广告创意大得多。

第二，战略、策略、策划、点子等的产生，主要运用的是理性思维，只要情况、信息掌握得全面、准确，判断、推理的逻辑正确，指导思想正确，就能够产生正确的点子、策略等。而广告创意却不是这样。广告兼有科学性与艺术性的两重性质，广告的艺术性主要表现在创意方面。

第三，主题与创意是有区别的。创意是无公式的，创意的灵活性相当大，同样一个产品的广告如何表现是相当不确定的。但是主题却不是这样，一定的主题与一定的材料之间有着必然的逻辑联系，没有创意那样的灵活性。在应用文的主题上尤其是这样。主题的确定不需要灵感，而创意往往是与灵感有联系的。广告主题与广告创意的关系应当是，主题是创意的依据，主题是创意要表现的目标、中心意图。

第四，创意产生的仅仅是表现广告主题的形式，而形式与内容是融为一体的，是不可分离的，是不能独立出来的。例如，有人打比方说语言的内容和形式一样，语言的内容和形式就像一张纸的正面和反面，无论怎么裁，它们总是在一起的。马谋超先生在其著作《广告心理：广告人对消费行为的心理把握》中提到，广告创意是依据确定的广告主题进行整体的构思活动。制作是使用艺术手法表现构思，其结果是广告作品。可以说创意是形成关于广告表现的基本概念的过程，而制作则是将创意物化成可供刊播的广告作品的过程。创意的首要依据是确定的主题，它反映了厂家对广告的诉求重点。凡是不符合或与广告主题不协调的创意，就不

① 赵宏．传播语言学研究[M]．北京：中央民族大学出版社，2020.

② 金定海，郑欢．广告创意学[M]．北京：高等教育出版社，2008.

是好的广告创意。告知型的广告，虽然可传达广告信息，但它还算不上是高层次的创意。[①] 在这里，我们也要避免把广告创意理解为构思。虽然创意也需要构思，但毕竟构思与创意是有区别的。创作任何作品都需要构思，可不是所有的构思都是关于创意的，如针对公文、合同等的构思就与创意无关。对于创意来说，构思的范围过于宽泛。

第五，创意与“意境”有一定的联系。例如，美国广告大师乔治·格里宾为箭牌衬衫做的广告，其广告主题是戈登标的箭牌衬衫不缩水，不变形，是经过机械防缩处理的。如果将此信息平直地说出，那就平淡无味，很难吸引人。而乔治·格里宾的这一广告首先设置了一个对话场景，而且是与他的一个老朋友的对话，那么这对话当然就自然而富有生活气息；另外，这个对话还是人和马的对话，这就显得十分幽默风趣。它让受众惊讶，让受众恍然大悟。这就是创意的魅力。

二、广告诉求的主要策略

说服即通过一定的诉求，引导说服对象的态度和行为趋向于说服者预定的方向。商品的性质特点千差万别，消费者的需求心理是复杂而动态的，市场竞争是瞬息万变的，这些都使广告说服非常复杂。广告说服首先从整体方向上应有策略艺术。策略即手段和方法，它的核心要结合具体的情况而定，具有很大的灵活性。在战争中，军师常提出对阵的上、中、下三策；《三国演义》中的诸葛亮对敌的策略艺术也常使刘备战胜对手，这些都很好地说明了策略的意义和威力。广告说服策略就是要解决在广告作品中如何说的问题。

（一）理性诉求策略

理性诉求策略针对的是广告受众的理智心理，这种诉求策略通过真实、准确、公正地传达企业、商品或服务的客观信息，使消费者（或潜在消费者）通过概念、判断、推理等思维过程理智地做出决定。这种诉求策略一般情况下适用于高档耐用消费品、工业品，即所谓高关心度的产品。其中的道理很简单：因为这类商品消费者购买时，花费大；购买后用的时间长，在做出购买决定时，是反复掂量的，对于这类商品，消费者较少感情用事。另外，新产品上市的广告往往也用理性诉求策略。因为关于新产品的客观信息消费者不了解，需要广告言语对其做较详细的说明，这就用上了理性诉求。理性诉求在文体上主要使用陈述式、说明式和论证式三种。

① 马谋超．广告心理：广告人对消费行为的心理把握[M].2 版．北京：中国物价出版社，2002.

（二）感性诉求策略

感性诉求策略针对的是受众的情感心理，它通过表现与企业、产品或服务相关的情感因素来打动消费者，使消费者产生购买商品或接受服务的欲望与行为。

感性诉求广告言语的特点是以人们的喜、怒、哀、乐等情绪与道德感、群体感、美感等情感为基础，诱发受众的情感，并使一定的情感与特定的商品发生联系，从而使人们产生购买行为。这类广告语大都富有人情味。感性诉求所传达的感情通常有爱情、亲情、乡情、同情、恐惧、生活情趣等，从心理感觉上来说，有满足感、成就感、自豪感、归属感等。什么样的商品，在什么样的情况下适用感性诉求呢？一般在如下几种情况中比较适用。

第一，产品缺少特性。

第二，特性不足以吸引消费者。

第三，特性复杂而难以解释。美国《广告周刊》评论当代工业广告时指出，当产品特性过于复杂而难以解释时，诉诸情感的广告往往比理性的广告有更大的效果。这种以情感为基础的广告成功地培养了观众对某一牌号电脑的偏爱。

第四，广告推荐的是单价低的日常用品。这类商品即所谓“低关心度”商品。

第五，装饰品、化妆品及其他时髦商品的广告。此类商品可以给消费者带来某种积极的心理感受。

（三）情理结合的诉求策略

以上理性和感性两种诉求策略，各有其优势也各有其缺陷。理性诉求对完整准确地传达信息非常有利，但是由于较少使用言语技巧，往往会显得生硬枯燥，影响受众对广告的兴趣。感性诉求容易引起受众的兴趣，但往往影响对重要信息的传达。所以，在许多广告中往往会将感性和理性两种诉求策略结合起来使用。这就是情理结合的广告诉求策略。这样容易达到最佳说服效果。

三、广告语境特征的理论知识

广告语用涉及所有的文体和语体，是因商品、服务不同，诉求对象不同，方法不同，创意表现不同而形成的。广告是一种价格昂贵的、受版面和时间限制的传播活动，特别追求语言的经济性，需要语言的形式趋简和语义兼容；汉字符号的表义性，使汉字一符一义，除少量的联绵词外，基本上一个字是一个单音节词，一个音节是一个表义符号，再加上汉语在形态上是分析语言，其语法意义主要通过语序、虚词、语调及重叠来表达，这为汉语符号的灵活组构提供了便利条件，也形成了汉语词类和句法成分不严格对应的特征。灵活组构在表达与理解中不会有问题，一是因为汉语表达新概念的新词，基本上是用已有的基本词汇的词作为语素构成的；二是因为语境起着自然的补充和完善作用。这些特征与条件，使汉语语法上形式简化、语义兼容现象更为突出，对语用现象语法化、归约化也有影响。

广告是向社会大众传播实用信息的活动，与个人之间的言语交际不同；广告传播者的主要目的是营利，因此，其传播的广告中蕴含的信息往缺乏全面性和真实性；而广告受众希望得到真实的信息，这便形成了双方利益的博弈，广告主与消费者之间容易产生矛盾；为了达到劝服、诱导的目的，在心理情感上打动人们，广告主便根据不同的群体对象、语境特征，调动相应的语言表达手段，促使丰富多变的语体特征形成。

由于人类社会生活的复杂性，在不同的社会活动领域内进行交际时，会形成了不同的语境，也就各自形成了一系列运用语言材料的特点，形成了各种文体和语体。在实用写作中，广告形成了一种文体，其也有语体特征，这都与广告传播的语境相关。

（一）广告语境特征的研究现状

就应用语言的研究来说，应主要研究不同交际领域的语言应用的特征与规律，这就涉及不同的语体，而语体是由语境特征决定的。不同交际领域的语言应用，应有不同的语境特征。目前对语境的研究，主要是整体的研究，对各交际领域语境特征的深入研究，还很薄弱。广告语境的特征，已引起学者们的注意。

周明强的《现代汉语实用语境学》一书认为广告语境的特点是，媒体构成的复杂性，使用手段的多样性，语言运用的艺术性，广告构思的独创性，受众心理的可接受性。①

李建立的《现代广告文化学》一书认为，广告语境实际上是一种客观的文化存在，它包括丰富的内涵和众多的层次。广告生存语境大体可以划分为四个层次，即经济政治、人文地理、思想观念和风俗习惯。②

花勇在《广告修辞论》说一书中提到，广告语境是指广告传播中对广告受众接受广告信息直接产生影响的各种因素。就广告而言，能否达成广告效果、实现

① 周明强．现代汉语实用语境学[M]. 杭州：浙江大学出版社，2005.

② 李建立．现代广告文化学[M].2 版．北京：中国传媒大学出版社，2007.

广告目标，语境的作用尤为关键。广告适应并积极利用各种语境要素，因人而异，因时而变，因地制宜，才能取得效果。忽视乃至无视语境，广告效果无法达成，广告目标也就无从实现。广告活动的语境主要包括受众语境、时间语境、地域语境、社会文化语境等方面，忽视其中任何一个方面，都会影响广告效果，甚至导致广告活动失败。①

以上等研究对我们认识广告语境的特征有一定贡献和启示，但似乎与文学艺术、影视艺术、新闻等的语境相比，其特征没有明显的差别。我们还需要进一步深入分析研究，寻找出广告语境的较鲜明、凸出的特征。因此，我们需要较深入地研究语境要素和语体知识。

（二）在比较中看广告语境的特征

语境决定语体。

广告传播的特点主要是使用信息性、经营获利性、大众传播性、艺术加工性，说服诱导性。

就语体本身的构成要素而言，广告语体可以说是事务语体、科技语体同文艺语体交融而成的混合语体。就比较而言，广告语体与科技语体、文艺语体及其他事务语体又都有不同。与其他事务语体比较而言，事务语体的对象一般来说比广告语体的对象具体，如通知、指示、法律文书等，广告一般指向全社会或社会中的某一大类群体；与科技语体比较而言，科技性的语言作品一般专业性强，非专业者往往听不懂，读不懂，而广告的语言通俗易懂，属于大众传播；与文艺作品比较而言，文艺可以虚构，人们不会对文艺的虚假与夸张产生怀疑，广告的本质属事务语体，不允许虚构，但又具艺术性，所以往往在虚假和夸张之间混淆不清。广告属于社会大众传播，与新闻性质接近，所以我们主要通过与新闻的比较，来了解广告语体和语境的特征。

不同语体受语境层次的影响是不同的。就语境的层次来看，新闻语境一般有如下几个特征。

第一，社会文化语境对新闻语用有着直接的影响。

第二，新闻传播的权威性、职业性和多向性。

第三，交际场景的虚拟性和交际范围的开放性。

第四，时效性。

第五，群体类别认知的针对性。

① 花勇．广告修辞论[M]．济南：山东文艺出版社，2009．

比较来看，新闻的语境特征与广告基本相同，但也有一些差异。其差异主要有以下几个方面。

第一，广告传播的权威性不如新闻。受众一般都知道，大众媒体传播的广告信息并不像新闻那样代表政府机构或大众意见，而只代表广告主自己。小孩子一般都知道，广告是要人买东西的。新闻与受众之间不存在利益博弈的问题，最起码没有直接的利益关系，而广告主却与消费者之间有着直接的利益关系。钱冠连在《汉语文化语用学》一书中提到语用学对于言语交际的管制，只需两个原则便可实现。一个是目的—意图原则，另一个是相关原则。[①] 对于广告的语境来说，目的—意图原则很能说明问题。从总体上说，广告不是个人对话，影响广告的语境因素主要是社会语境因素。从广告的营利性上说，广告主与消费者之间有着直接利益关系，是广告的总体社会特征，也是其总的社会语境特征。再加之广告应该提供“事务性、实用性”信息，所以，广告语用中的“夸张”才与“夸大”“虚假”有了纠葛。

第二，广告传播的时效性与新闻不同。新闻特别强调要报道新的或近些日发生的事情，而同一产品或服务的广告往往是重复传播的，重复是为了加深受众对产品或服务的印象，反复提醒。在这一点上，广告更需要提高艺术性，不然的话，重复出现，没有了新奇性，则很难引起受众的注意。“夸张”正与此有关。而引起受众注意，是广告成功的第一步。

第三，广告传播交际场景的虚拟性更突出。有人称其为“拟态环境”，语言学里一般称之为“虚拟语境”。孙会在《广告语境中拟态环境的建构与失衡》这篇文章中提到，广告形式很多，都是借助于不同的物质手段，通过逼真的画面、诱人的语言、多变的色彩，形象地展示不同创意所建构的各种消费拟态环境。[②]

（三）广告虚拟语境的种类

1. 问题—需求环境

这种广告常见于功效明显的消费品，如医药、化妆品、洗涤用品等。在这种广告中，拟态环境是一种生活的再现，针对的是消费者的实际需要，诉求的重点则是产品功效的强大。

2. 感知—情感环境

它常见于情感诉求广告，每个镜头都能为受众营造出浓浓的消费意境。

---

① 钱冠连．汉语文化语用学 [M]．北京：清华大学出版社，1997．

② 孙会．广告语境中拟态环境的建构与失衡 [J]．新闻爱好者，2010（14）：32—33．

3. 信念—态度环境

这种广告常用于表现企业形象和企业文化的内容，帮助消费者建立对这种产品的信心，影响其消费决策。

4. 想象—超我环境

弗洛伊德认为，“超我”是人格结构中属于管制地位的部分，“超我”包括两个部分，一是自我理想，二是良心。“超我”的特点是追求完美。在现实的消费活动中，人们会通过对消费对象的理解来实现或展示自己的理想，表露“超我”的一面。广告通过代言者的消费感受，来模拟展示消费后呈现的自我理想实现的情境，从而达到引起消费欲求的目的。

广告强调“创意”，创意指基于对现实存在事物的理解与认知，对事物进行抽象想象的一种表现形式。但同时，作为事务语体，广告传播应客观真实。广告传播有一定的多样性和时尚性、主观性和目的性、针对性和片面性、预言性和引导性。鲍德里亚在《消费社会》一书里提到，广告既不让人去理解，也不让人去学习，而是让人去希望，在此意义上，它是一种预言性话语。它所说的并不代表先天的真相（物品使用价值的真相），由它表明的预言性符号所代表现实推动了人们在日后加以证实。① 广告拟态语境的这些特色，使广告免不了经常使用比喻、夸张等修辞手法，大大影响了其信息的真实性。

（四）广告的语境特征对其语体特征的影响

通过上述讨论，我们认识到广告语境有以下几项特征。

第一，重复传播而时效性降低。

第二，利益博弈而可信性降低。

第三，费用高昂而创新性更强。

第四，追求形象而虚拟性更强。

第五，篇幅受限而精练性更强。

广告的语境类型可概括为广告传播者为营利而产生的劝服、诱导目的与更加追求语用经济性的结合。其特征是重复传播、利益博弈、费用高昂、追求形象、篇幅受限。

语境类型的特征决定了语体特征。关于广告的语体特征，刘辰诞、赵秀凤的作品《什么是篇章语言学》认为，广告语体具有其共同的语言和结构风格。尽管

① 鲍德里亚．消费社会[M].4版．刘成富，全志钢，译．南京：南京大学出版社，2014.

广告的类型多种多样，但是共同的特点是具有“鼓动性”和“劝说性”。广告语体的词汇特征是大量使用评价性形容词，句法和篇章结构特征是大量使用简短的句子或段落。此外，广告语体经常使用夸张、比喻、拟人等修辞手法对广告商品的性能进行渲染，产生生动、形象的交际效果，达到劝说顾客购买的目的。① 以上是总的大体上的特征，但毕竟其内部差别还是存在的，其原因归结如下。

①言语与广告特性的紧密结合性。要求进行广告言语创作的人懂广告。名作家写不好广告词的情况也是有的。

②各种言语风格的综合性。要求创作广告言语的人精通各种文体及其言语风格。因为，言语风格与言语的艺术联系性较强，而广告言语创作涉及所有的文体、所有的言语风格。有一本广告写作书中就列有小说、新闻、诗歌、对联、书信、通知、戏曲等二十四种文体。

③与媒介的适应、配合性。因为广告言语要以各种媒介为载体，而各种媒介都有其自身的优势与限制，从而对言语有不同的要求。

④针对目标受众的言语习惯及心理特征。因为每一则广告的商品情况、目标受众都不同，在什么情况下对什么人说话，怎么说，都有不同的要求，这也是言语交际的通理。千篇一律的广告言语，会使人听得厌烦，读得厌烦，是很难打动人的。

⑤对精练与艺术的更高要求。与广告的本质有紧密的关系。人们给广告下的定义有多种，较公认的说法是广告是由一定的广告主为推销商品或服务而付费的大众传播活动。从这个定义可以看出，广告有其实在的经济功利目的。广告主不但要付费，而且要付出高昂的费用，用一字千金来形容广告的言语创作，已经不再是夸张。再者，多数广告是在强迫受众接触，在这种情况下，广告要用有限的言语尽量多地吸引消费者，也要求广告言语有一定的艺术性。

以上种种现象说明了广告语体总体上属于“事务语体”，但是其带有言语风格的综合性和较高的艺术性。创作广告言语要能够将语言学的原理及各种表现手法与广告的商品特性，广告所针对的地域、民族及其文化、心理、时代风貌等进行综合考虑，融会贯通，了解其原理。只有这样，才能创作出有促销力的、被受众喜爱的、具有艺术性的广告言语。

---

① 刘辰诞，赵秀凤．什么是篇章语言学[M]．上海：上海外语教育出版社，2011．

四、广告语篇的结构及创作应用

（一）广告语篇的结构

文章的一般形式结构是标题和正文，正文再分为开头、主体和结尾。完整的广告言语形式一般叫“广告文案”。所谓“完整”，即包括标题、正文、口号、附文四个部分。广告文案的结构具有灵活多样的特点。有的广告文案包括标题、正文、附文三个部分，有的广告文案还加上广告口号，有的广告文案则没有附文，有的广告文案既无附文也无标题，有的广告文案只有一句广告口号，有的广告文案甚至只有一个词或者一个词组。由于广告带着劝服人的目的，商业广告有使人消费的目的，因此，制作一个广告往往要花大量的钱，所以广告的创作要求很高。和其他文章相比，在广告的语言创作中，标题与口号要更具特色，因此对其的要求也会更高。标题与口号虽然都是较短的一句话，甚或只是一个词语，但其作用很大。因此，以下将重点分析广告标题和广告口号的相关知识。

（二）广告标题的创作表达

1. 标题在广告中的作用

对于标题在广告中的作用，我们可以引用下面一段话来说明。

“标题就像是一个广告在拥挤的大街上跟观众打招呼，如果你不能让别人在第一眼就产生好感或好奇心，又怎能使人家停下来，听你说话呢？当你站在一大堆叫嚣着的广告当中，第一步要做的就是抓住消费者的眼睛。”①

详细点说，广告标题是一则广告的核心，又是区分不同广告内容的标志。它位于广告作品的醒目位置，通常使用比其他言语部分大的字体。标题又好比信号旗，它引导受众注意。它的作用大体上有如下几点。

第一，点明主题。广告标题，以高度概括的词句，来表现广告的中心内容，表明广告的宗旨，使人们看到标题，便知文意。例如，兴华音响大联展，人们一看这标题，就知道是怎么回事，这是点明主题的广告标题。

第二，引人注目。我们看一例这种类型的标题：“你曾说：‘我买。’现在你会说：‘我庆幸买了它。’”当我们看到这个标题时，不免会问：他到底买了什么？在这种情况下，就很可能接着看正文。

---

① 陈果安，何纯，王定．写作学基础[M]．长沙：湖南师范大学出版社，2006．

从这个标题可以看出，这类标题的特点是既要说到广告内容，但又要留下一点悬念。

第三，加深印象。人们看广告，除了留意广告的插图外，一般是浏览广告的标题。将某个广告的标题反复看的次数多了，就会给人留下深刻印象。

2. 广告标题的主要类型

第一，直接揭示广告的主题。

这类广告标题是把广告要说的事物和情况直截了当地告诉人们，使人们一看就知道广告要推广的是什么商品或服务，能为人们提供什么帮助，解决什么问题。它往往是以商品、商标或企业名称为标题。

第二，间接提示广告的内容。

这种标题本身不直接介绍产品或服务，而是采用迂回的办法，带着一点悬念，引发受众的好奇心，以吸引消费者的关注。这类标题往往只有将广告的正文和图像等部分联系起来看，才能了解整个广告的意图。

第三，复合式标题。

这种标题是把直接标题与间接标题组合起来，形成多行标题，它在形式上是复合的，在内容上也是复合的。报纸新闻上就经常用这种标题。这种标题适用于把较长语篇的要点先提出来，既吸引人，又能让人了解较多的信息。复合式标题的组合方式有如下几种。第一种是引题、正题、副题相组合。第二种是正题、副题组合。第三种是引题、正题组合。

3. 广告标题的创作手法

广告文案标题的表现形式没有明确规定，可将其中最为常用、最具特点的表现形式归纳为 16 大类。由于一则标题常常是多种形式并用，所以下面的归纳不可避免地有交叉之处。由于篇幅有限，以下选择几种常见的表现形式进行介绍。

（1）新闻式

这种标题主要是以新闻标题或者导语的方式呈现，向受众传递广告信息。这种方式通常出现在两种情境下，一是传递的信息本身对听众来说是新信息，二是人们还会刻意将广告信息包装成“新闻事件”以强调其重要性。这类标题的独特之处在于巧妙地将文案策划人员的想法融入通俗平实的语言文字之中，从而让读者在毫不知情的情况下自然而然地对内容产生信任。因为新闻的本质是将最近发生的事情以客观的方式传递给受众。

（2）问题式

这是一种利用设问或反问的方式，诱导读者进一步阅读文章并寻找答案的标题形式。这种标题所涉及的问题可以分为三类：第一种是针对受众一直很在意但不知道答案的问题；第二种是，即使受众未注意到，但一旦接收到提醒，就会引起他们关注的问题；第三种是企业希望引起受众关注的问题。通常，标题所提出的问题会在正文中被回答或解决。这种标题通常能够激起受众的兴趣，引起人们对广告信息的关注和重视，同时制造一种悬念。

（3）叙事式

这是一种向受众叙述与企业、服务及产品相关的事件的标题。该标题的内容或许不具备严谨的新闻性，但充满了故事的魅力，就像一个开端，预示着将有一段引人入胜的故事被展现。采取这种方法可以缓解受众对广告的抗拒情绪。

（4）祈使式

这种标题会采用祈使句的形式，提出某种行动建议。这种标题可以分为两种类型：一种是请求式，另一种是命令式。它的特征在于能直接促使受众采取行动。

（5）数字式

这种形式又被称为1—2—3式，指利用精确详尽的数字来传递广告信息。可以用来传递与数字相关的广告信息，如速度、时间、规格、价格和型号。其显著之处在于精准、贴切，这种方式相较于含糊其词的表达方式，更具有表现力和说服力。

（6）建议式

这种标题是以委婉的语气向受众提出某种建议的标题。这种标题的特点是站在受众的角度进行诉求，容易获得受众的好感，有利于消除受众对于广告的戒备心理。

（7）口号式

这指的是由简短有力的口号构成的标题。这种标题常常含有企业或品牌名称，口号内容或是企业、产品、服务的宗旨、目标，或是企业希望与受众共同实现的目标。

（三）广告口号的创作表达

1. 广告口号的主要类型

广告口号的类型是多种多样的，主要有以下几种。

（1）号召式

号召式的广告口号，直接继承了口号的鼓动性、促使性，并直接将目标指向广告所推荐的商品或服务。

（2）服务式

此类广告口号，是以“为您服务”的口吻说话的。

（3）风趣式

风趣式的广告口号，可以使人愉快，在情绪上会受到感染。

（4）颂扬式

颂扬式的广告口号很多，一般是颂扬商品或服务的优点、特征等。

（5）情感式

用富有感情的言语进行渲染，可使消费者在购物时产生美好的联想。

2.广告口号的主要风格

我们在前面专门讨论过言语的风格，这里只是大体上进行一下归类。

（1）抒情风格

这种风格指运用文学的言语，使用诗化的意象，创造诗意的意境等所体现出的言语风格。这种风格常使用对仗的句子结构。

（2）口语风格

这是指运用日常生活中的言语和叙述方式体现出的风格。这种风格广告口号的运用是比较多的。

（3）宣言风格

这种风格，给人以气势磅礴的感觉。

此外，按照广告口号中所体现出的社会文化风尚，广告口号的风格还可划分为古典风格、现代风格；按照美学的标准，广告口号还可划分为雄浑的风格、冲淡的风格、婉约的风格、豪放的风格等。

五、广告学与传播学的区别与联系

传播是一种信息共享活动。社会信息的传播具有交流、交换和扩散的性质，传播与广告两者都以信息为依托，使受众接收到特定的信息并达到其特定的效果和目的。传播要在一定的社会关系中进行，又是一定的社会关系的体现。

（一）广告学与传播学的区别

第一，广告学是以广告现象为自己研究的出发点的，而传播学是以信息传播为自己研究的出发点的。广告的目的是通过传播广告信息诱导社会公众，从而促成其购买行为，传播学中信息传递的主要目的却只是与公众进行交流。

第二，广告讲究突出重点信息，强化形象，可以采用多种艺术形式进行形象塑造和文案设计；传播讲究的是信息的完整性、准确性。

第三，广告学所研究的广告行为，是一种有偿服务，以经济效益为主。而传播学提出的传播活动，通常默认为一种无偿服务，以社会效益为主。

（二）广告学与传播学的联系

从学术研究的角度来看，传播学与广告学两者之间存在着特别的从属关系。从“双向传播”来说，人类的传播活动均是具有双向性的，在双向传播的过程中，传受双方相互交流和共享信息，保持着相互影响和相互作用的关系。从“有限效果”理论来说，人们对大众传播的消息通常有很大的抵触心理，这是由个体从其他途径获得不同观点或自身的心理过滤机制所致的。

广告学属于传播学的一个研究范畴，而传播学为广告学搭建了一个系统且完整的认知框架。广告学的研究对象是信息传播。广告是一系列信息的传递活动，是一种非常典型的传播行为。

第三节　传播语言学在新媒体政务领域的应用

本节的内容为传播语言学在新媒体政务领域的应用，主要介绍了“新媒体”的概念、新媒体政务传播语用研究的意义、新媒体政务的语境、新媒体政务的语用符号、新媒体政务的语篇组织。

一、“新媒体”的概念

“新媒体”这个词语在人们的日常生产生活中使用率越来越高。起初，美国人戈尔德马克于 1967 年在一份有关电子录像开发的报告中，最先使用了“新媒体”这个概念。随着数字信息技术的快速发展和广泛应用，近年来，“新媒体”已经成为一个广泛使用的词语。越来越多的研究人员开始研究新媒体，但是对于新媒体的定义存在多种不同的观点，在学术界并未形成共识。各类组织机构及学者从不同角度对“新媒体”进行了定义。

第一个角度，新媒体是相对于传统媒体而言的概念。当下，新媒体主要指运用计算机信息处理技术的传播方式。这种传播方式对人们的生活和思维方式产生了极为重要的影响。这种影响主要通过在网络上的在线媒体及其他数字形式的离线媒体来实现。

第二个角度，新媒体有广义和狭义之分。广义层面上的新媒体以是否采用数字技术为标准划分；狭义层面的则以 IP 协议为划分标准，强调与网络媒体地融合，具有交互功能。由此可见，新媒体具有数字化、交互性的特点。

杨继红在《谁是新媒体》一书中对新媒体的定义进行了归纳，认为其定义可分为七种，即“传承论”“相对论”“凡数字论”“互联论”“媒体定义回归论”“规模论”“多维论”与“一言难尽论”。持“传承论”观点的学者认为新媒体是基于传统媒体发展起来的新的媒介形式；“相对论”认为新媒体是一个相对的概念，与传统媒体相对而言，具备多种媒体的特点；“凡数字论”认为，凡是基于数字技术在传媒领域运用产生的媒体形态就是新媒体；“互联论”的观点认为，新媒体是在互联网基础上实现多对多或点对点传播，具有与用户互动等交互功能的新媒体形式；“媒体定义回归论”认为新媒体为新的大众传播机构；“规模论”认为当一种新的传播形态达到大众传播的规模，就会成为新媒体；“多维论”与“一言难尽论”认为新媒体的定义有广义的，有狭义的，应多角度多层次综合定义。①

由此可见，学界对“新媒体”的定义众口不一，各执一词，但有一点是相对统一的，即新媒体是相对于旧的媒介形态而言的，随着社会与科学技术不断的发展，其形态是不断变化的。当下，新媒体的核心是实现数字式信息符号传播技术。基于此一些学者对新媒体的类型及形态做了阐述。

黄传武在其《新媒体概论》中认为“网络新媒体”“手机新媒体”和“户外新媒体”为新媒体的三种主要形态。并且网络媒体相对于报纸、广播、电视等传统媒体而言是一种全新的媒体形式，具有独特的媒体特性，即数字化、全球性、实时性、交互性、信息量巨大并可存储、易复制易检索等。他还介绍了微博等网络新媒体的典型应用。②

杨继红在《谁是新媒体》中认为“互联网”“手机”“电视”是新媒体的“三驾马车”。认为互联网的特征符合对“新媒体”的定义，是基于“数字”的、互

① 杨继红．谁是新媒体[M]．北京：清华大学出版社，2008．

② 黄传武．新媒体概论[M]．北京：中国传媒大学出版社，2013．

联的非线性传播的新媒体。可以说互联网打开了新媒体发展之门，是新媒体之始，并对互联网的优势做了介绍。[①]

二、新媒体政务传播语用研究的意义

“新媒体正在广泛、深刻、持久、全方位地改变着世界。”[②]随着互联网的广泛普及和迅猛发展，新型媒体已经深入到我们生活的方方面面。通过互联网，我们能够与其他人交流，获取各种信息和知识，还可以完成包括网购、医疗在内的众多操作。随着手机的不断升级和更新，我们对互联网的依赖程度也越来越高。除此之外，互联网和新媒体的融合已经涉及越来越多的领域，这也为人们的日常生活提供了更多更丰富、更便捷的体验。政务工作也融入了新媒体快速发展的潮流，“新媒体政务”的概念正是在这种背景之下形成的。“新媒体政务”是指相关主体利用新兴媒体如微信、微博等，向公众提供政务信息服务的创新媒体平台，“新媒体政务”实施主体主要包括国家各级党政机关和企事业单位。

“新媒体政务”在蓬勃发展的同时必须面对机遇和挑战。其中挑战涉及多个领域，包括传播、信息技术、政府职责和语言运用等方面。

以“政务微博”和“政务微信”为例，分析新媒体政务的语言运用，将对这种特殊的语言环境进行研究，以探讨其对政务语言使用方式的影响，从而提出一些相关建议，推动“互联网＋政务服务”的实施。这样一来，可以加强政府的科学决策和管理能力。此外，为了加强“新媒体政务”的传播效果，也需要了解传播学的相关知识。新媒体政务语言是应用语言学的重要内容，对其进行深入研究，可以推动探究应用语言学相关规律的研究进程，因此研究政务语言学具有重要的实践意义。

三、新媒体政务的语境

一般来说，语言的使用受到交流环境的限制，因此，如果要详细分析语言现象，必须将其与所处环境联系起来。如果把语言片段从具体的语境中剥离出来进行独立分析，那么确定它的意义和结构就会比较困难。要掌握某个领域的语言特点，就必须深入了解它被使用时所处的具体情境。因为新媒体政务语言的背景和

① 杨继红．谁是新媒体[M]．北京：清华大学出版社，2008．

② 朱春阳．新媒体时代的政府公共传播[M]．上海：复旦大学出版社，2014．

传统政务语言有所不同，它拥有显著的特点。因此，研究新媒体政务的语用需要先对其语境特点进行分析。

（一）影响新媒体政务语境构成的因素

在探究新媒体政务语言的语用特征之前，需要先了解新媒体政务语境的组成要素和相关特征。只有了解新媒体政务语言如何受到语境的影响，并掌握语境特征，才能对新媒体政务语言进行深入的研究。另外，我们的研究侧重于分析新媒体政务语言在交际环境下的语用特点。研究新媒体政务语境的构成元素可以从以下几个方面进行。

1. 传播主体

由新媒体政务的定义可知，新媒体政务语言的传播主体为国家各级党政机关、企事业单位，主要具有以下几个特点。

（1）权威性

新媒体政务是由政府机构与官方媒体共同发起的，因其具有官方属性，从而也具有相应的权威性。在政治、经济和文化方面，各级党政机构都负有至关重要的责任，这些机构在领导全国经济建设和组织社会管理方面扮演着十分重要的角色。党政机构的工作重点在于对党的方针、政策和国家法律法规的制定和实施，其工作性质的特殊性直接表现出其所具有的权威性。一些企事业单位也有着显著的权威性。

（2）亲民性

在现今，政府被视为“服务型政府”，政府部门也越来越注重“人性化形象”。各级党政机构要把为人民服务放在首位，保持公仆意识，强调权力必须服务于民，要与民众建立起情感联系。同时，政府部门通过关注人民的需求、提供人性化的服务方式来实现“官民一家亲”。

2. 传播媒介

新媒体政务的“新”体现在其媒介的更新换代上，从传统的纸媒向现代的互联网转变，这种媒介的变革使语境也呈现出明显的变化，也正因为语境的变革，语言运用也受到了影响。网络作为新媒体政务语境的重要组成因素，网络的主要特征可以从以下几个方面进行分析。

（1）开放平等

网络环境向来以平等、开放的特点深深扎根在人们的印象之中。每个人进入网络的机会与条件是平等的，这个过程不存在等级、身份、年龄、性别之类的限入门槛。

（2）自由高效

人们在使用网络时，可以不受时间、地点的限制，可以根据自己的个人情况进行自主选择，并且在这个过程中，人们可以自由地浏览自己所需要的内容，相对自由地发表自己对一些问题的看法。随着科技水平的不断革新与进步，信息的传输速度相较于过去有了巨大的提升。人们在信息高效化传播的环境下，逐渐形成快节奏的生活方式。从这个意义上来说，网络的高效特点也是十分显著的。

（3）虚拟性与丰富性

网络参与者的主体，以及这些主体的参与形式都是丰富的。网络内容和内容涉及的领域而言也具有明显的丰富性特征。将网络视作一个包罗万象的存在是毫不为过的。网络的虚拟性特征主要反映在以下几个方面。

第一，网络的虚拟性首先表现为其交际环境与现实之间是存在脱离的。在现实世界中，我们在与他人进行交际的过程中，很显然地明白对方是一个什么样的人，也比较容易获取对方的身份信息。我们的语言表达内容及方式会随着交际另一方的一系列反应而做调整，这些反应不只有语言上的，还有非语言的，如动作、神态乃至交际的环境。而当我们处于网络中时，我们与任何人之间的交际都无法选用面对面的形式（即便是视频的形式，也无法做到真正的面对面）。交际双方的空间范围被交际产品与设备进行了间隔，如手机或者电脑。正是这种情况的存在使得交际双方之间存在明显的虚拟感。

第二，在网络上我们无法直接知道彼此的真实姓名、身份，因为在网络空间中是匿名制的。匿名制的存在也使得网络的虚拟性得以进一步凸显。

第三，在网络虚拟环境中，交流的双方主体可以不用见面。林兴仁在《实用广播语体学》中指出，由于广播的传播方式是通过电波传递声音信息，播音员只是发出信息，而听众只是接收信息，因此双方并未面对面交流，无法看到对方的面部表情或手势。[①] 模拟广播语境是指模拟广播的言语环境。这种言语环境是为了增强广播的“说方”（主要指播音员，也包括广播编辑与记者）和听众之间的情感交流，加强两者之间的目标感、亲近感、真实感和现场感。可以模拟双方进行面对面交流的场景，创建两个有特定职责和任务的角色进行对话，或者也可以模拟现场实况。新媒体政务与广播在一些方面有相似之处，即交际双方无法面对

① 林兴仁．实用广播语体学[M]．北京：中国广播电视出版社，1989．

面交流，存在双向交流受限的问题，无法观察到对方的表情和手势，进而出现虚拟交流场景的问题。可以想象自己在和不同类型的人交流时的场景，想象自己和一位政府官员或是一位公司高管交流的情境，这样可以帮助我们更好地选择用语和表达方式。还可以想象在办公室中发布信息或回答问题的情境，以确保我们的语言清晰、简洁、易于理解。在从事新媒体政务工作时，工作人员应该将自己视为政府机构或特定单位的代表，要明确针对哪些人群发表言论，并且需要了解这些人的特点和需求。既然是虚拟的环境，那就存在部分人拥有虚拟交际意识，而有些人虚拟交际意识相对欠缺的问题。有些人的虚拟模拟非常精确，而有些人的虚拟模拟与实际相去较远。这显然会对新媒体政务对话和问题处理的质量产生影响。可以类比到小说中的虚构元素，对于一部小说而言，作者进行的人物对话和场景的虚构是非常关键的。

（4）主体间性

网络的出现打破了传统的信息传播方式和关系模式，形成了一种新的信息传播环境，它不仅改变了信息的传播方式，还改变了传播与接受之间的关系。这种新的信息环境使不同的受众主体可以相互交流沟通，不再局限于传统的单向传播模式，而是进入了一种双向互动的模式，我们称之为“主体间性”。

在新媒体的内容中，“受众”通常会选择他们感兴趣的话题进行查看，随后进行分享并发表看法。这样一来，接受主体就从“受众”变成了传播者，从而增强了新媒体的互动性和交流性。这意味着借助互联网作为媒介进行信息传递，可以实现双方的互动和交流，并且在对话和言语方面，彼此都是自主平等的，这为双方之间的沟通和理解提供了潜在的机会，消除了主客分界。主体间性的要点在于话语必须考虑到说话对象、表达内容，还要顾及接受客体在理解程度等方面存在的差异，只有这样，表达的话语才能更便于对方理解和接纳。说话人的身份也会影响话语的传播效果，同样的话语，不同的身份背景的人说出会让“受众”产生不同的理解。言语行为的参与者包括说话者和听众，因此传播者应该把传播对象放在核心位置。

3. 传播对象

新媒体政务信息的传播对象为活跃于网络世界的广大网民，常言道“看人说话”，因此，研究新媒体政务语言的运用就要考虑网民的特征。据研究分析可知，网民有以下几项特征。

（1）网络技术的熟练运用

由于是网络用户，因此他们必定对网络世界有所了解，甚至熟练掌握。这类人群已经掌握了网络的基本操作，擅长使用网络进行信息的收集和搜索，熟悉网络术语和操作方法，不仅有接收信息的能力，而且还有发布信息的能力。因此，新媒体政务的传播如果要建立在网络媒介之上，就必须了解并适应网民的网络行为习惯。

（2）存在未知性的群体特征

由于网络交际环境中的交际主体往往是匿名的，且信息是以“一对多”的方式传播的，因此无法确定传播对象的具体背景信息，包括其性别、年龄、职业、文化程度和知识背景，这种情况使得新媒体政务的传播对象存在一定的未知性。尽管虚拟交际场景可以缓解这个问题，但是虚拟和现实之间的区别仍然存在。因而，在应用新媒体政务语言时，需充分考虑这些影响因素。

在互联网上，人们拥有自由、广泛的表达空间，任何人都可以分享其独特的想法和观点。大部分活跃于互联网的人是年轻人，他们拥有一定的创造力和个性追求。互联网上涌现出的众多新奇事物，备受网民追捧，这反映出了人们普遍乐于追求新鲜、奇异的事物。随着现代生活节奏的加快，人们越来越倾向于采用“快餐式”阅读方法。人们更加喜欢图像直观、信息简单明了的阅读方式，因为这种方式适应了人们渴望快速掌握信息的需求。

4. 传播内容

通常来说，言语的组织与风格会随着传播内容的变化而发生变化。一些相对重要而且较为官方的传播内容，一般会采用十分严肃性的词语，如“政策通告”“新闻资讯”之中的措辞，这些措辞一般都比较正式和严肃。但是在“生活服务”“活动宣传”方面的语言表达则会比较轻松、形象。

5. 传播目的

根据上述内容可以得知，新媒体政务不仅通过网络传播政策、新闻信息等内容，还为公众提供了一些实用性的生活服务。从总体来看，这些服务是为了满足公众需求而出现的，这些服务可以确保政务工作的顺利进行并且有利于相关单位良好形象的树立。加强党政机关与广大民众之间的联络，可以促进双方积极沟通、协作，建立正面的党政机关形象。新媒体政务发布的信息应该及时地传达给公众，要避免公众产生疑虑，降低信息的不确定性，因此保证信息的准确性也是至关重要的，这有助于增强信息的可信度。为了促进党政机关和民众之间友好关系的建立，使用简单明了的语言是必要的。为了维护党政机关的良好形象，要特别关注信息组织的方式。

综上所述，新媒体政务的传播主体、传播媒介、传播对象、传播内容及传播目的等都可以成为新媒体政务语境的构成因素，也可作如下图解（图 6-3-1）。

- 新媒体政务语境构成因素及特征
  - 传播主体
    - 权威性
    - 亲民性
  - 传播媒介
    - 开放平等
    - 自由高效
    - 虚拟性与丰富性
    - 主体间性
  - 传播对象
    - 网络技术的熟练运用
    - 存在未知性的群体特征
  - 传播内容
    - 政策通告
    - 新闻资讯
    - 生活服务
    - 活动宣传
  - 传播目的　　宣传、沟通、协调

图 6-3-1　新媒体政务语境的构成因素及特征

（二）新媒体政务的语境特征

新媒体政务的语境是由许多因素构成的，这些构成因素对新媒体政务的语境特征有着重要的作用。新媒体政务的语境特征可以从以下几方面分析。

1. 接近新闻的时效性

由于新媒体政务是以传播信息为主要目的的，所以新媒体政务的传播与新闻传播有一定的相似之处，对于两者而言，保持时效性是必须的。新媒体政务在进行政策、新闻的传播时，主要借助微博、微信等平台，这些平台具有便利、快捷的显著特点，这些特点保证了新媒体政务信息传播的速度，使其时效性得到保障。

2. 大众传播的虚拟性

新媒体政务的传播属于大众传播，并且其传播的主要渠道便是网络。这也使得新媒体政务的语境具有虚拟性的特点。在这个语境之中，政务传播者与政务接受者彼此不熟悉，不清楚对方身份。双方在进行传播、交际的过程中，很多时候要通过假设和想象来进行，这在很大程度上体现了新媒体政务语境的虚拟性。在新媒体政务语境之中，政务信息的主要传播形式是文字与图片，并且由于双方不明确对方身份，因此没有了信息传播过程中的语调、身体语言的影响。相关单位在进行新媒体政务传播的过程中，只能选择确定一类人群，从宏观上考虑和把握这类人群的年龄、教育程度、职业特点等信息，在传播过程尽量选择符合这类人群特征的传播方式与手段，从而使其更容易接受传播的政务信息。

3. 传播媒介的开放性

新媒体政务利用开放自由、富含内容的网络媒介，面向广大网民进行传播。这增加了新媒体政务语境的开放性。因而，新媒体政务在信息传递过程中会融合并吸纳许多网络词语和网络信息传递方式。通过对网络术语和网络信息传递方式的吸收和借鉴，可以得出这样的结论：在新媒体政务领域中，言论环境更加开放和自由。

4. 传播内容的差异性

在新媒体政务领域，内部差异性表现为传播内容的不同，即不同的新媒体政务具有不同的特点和风格。政府机构在新媒体平台上通常发布四类信息，包括政策公告、新闻报道、宣传活动和生活服务。不同类型的传播内容具有不同的语境特点。通常情况下，政策公告和新闻报道提供的信息比宣传活动和生活服务提供的信息更加正式和严谨。相对而言，传达宣传活动和生活服务信息时，更注重利用形象生动、贴近人们日常生活的方式。网络语言和表情符号已经被广泛应用于宣传活动和生活服务领域，但在政策公告和新闻报道等官方文件中，使用的并不太多。这表明，在一些新媒体政务信息中，由于内容和语言环境的特点各不相同，因此新媒体政务中的语言环境存在着内部差异。

综上所述，借助对新媒体政务语境相关因素的分析，可以把握新媒体政务语境的基本特征：时效性、开放性、虚拟性、传播内容的差异性。新媒体政务的语境特征对新媒体政务的语用符号有着重要影响，并且新媒体政务的语境还对新媒体政务的语篇组织产生了影响。对新媒体政务其他部分的分析与探讨都要建立在新媒体政务的语境特征这个基础之上。

四、新媒体政务的语用符号

新媒体政务的语用与新媒体政务的语境特征是紧密相关的，新媒体政务语境特征对新媒体政务的语言运用的直接表现是语用符号。在新媒体政务的传播过程中，许多语用符号都扮演着重要角色，这些符号彼此之间并不是相互分离的，而是具有相辅相成的关系，它们的组合通常会产生“1+1>2”的效果。

（一）新媒体使用符号的复杂性

符号的划分方式与划分角度是多样的，可以从视听的角度对符号的类别进行划分。德国语言学家雅各布森曾经指出，“人类社会中最社会化、最丰富和最贴切的符号系统显然以视觉和听觉为基础”。① 在现代社会之中，大众传播的符号主要也是以视觉和听觉为标准进行划分的。我们可以根据这种划分方式对新媒体政务的语用符号进行划分。一般情况下，新媒体政务采用的文字符号、图片符号等都是可以被直观看到的，因此这些符号属于视觉符号的类型。一些新媒体政务借助视频进行传播，那么其既有视觉符号的特性又有听觉符号的特性。我们可以以视觉、听觉为划分标准，对不同媒介的政务信息进行比较分析，如表 6-3-1 所示。

表 6-3-1　不同媒介的政务信息所涉及的语用符号类别 ②

大众媒介	人体感觉	显示媒体	传输方式	信息形态									
				文字	照片	绘画	图表	音响	音乐	语音	视频	动画	多媒体
报刊政务	视觉	报刊	实物传输	✓	✓	✓	✓	—	—	—	—	—	—
广播政务	听觉	收音机	电波传输	—	—	—	—	✓	✓	✓	—	—	—
电视政务	视觉、听觉	电视机	电波传输	✓	✓	✓	✓	✓	✓	✓	✓	✓	—
新媒体政务	视觉、听觉	手机、电脑	网络传输	✓	✓	✓	✓	✓	✓	✓	✓	✓	✓

① 霍克斯．结构主义和符号学 [M]. 瞿铁鹏，译．上海：上海译文出版社，1987.

② 赵宏．传播语言学研究 [M]. 北京：中央民族大学出版社，2020.

通过对上表进行分析，我们可以看到新媒体政务的显著特点便是多样化媒体符号的运用。新媒体政务和传统媒体政务相比，它把视频符号与多种符号进行组合，以视频符号为基础，多种符号进行补充，如文字、图片等。新媒体政务中多媒体符号占据的比重越来越大，新媒政务借助多媒体符号实现视听结合，可以更加有效地进行政务信息的发布与传播，对于政务信息的接受一方，多媒体符号也可以使他们更加容易理解政务信息。

符号领域有一种符号划分方法，即三分法，该方法认为所有的符号都可以被划分为三种类型，即像似符、指示符和规约符。这种符号划分方法以实用性而著称。将这种三分法应用到新媒体政务中，也可以将新媒体政务的符号按照三分法的方式进行分类。

像似符是指符号与符号所表示的物体之间存在着某种相似之处，这种相似可能体现在外形上，也可能体现在内部结构方面。事物的“肖像”与原事物一般存在着明显的外形相似，可以说事物的“肖像”符号就属于像似符这个类型。在新媒体政务中，许多符号都与原事物存在着外形或者结构上的相似，如传达新媒体政务信息的图片符号、漫画符号、视频符号等，因此这些符号都属于新媒体政务符号中的像似符。

指示符是指某种符号与该符号所指示的事物之间存在直接关系或者某种邻近性关系。对于火焰而言，烟便是其指示符；对于雷声而言，闪电便是其指示符。除此之外，指示符的例子在生活中比比皆是，如路标、身份名片等等。

在新媒体政务中也存在着大量的指示符，这些指示符一般不是孤立存在的，往往和其他符号一起表达信息。例如，在新媒体政务广泛存在的政务名词、政务指示代词及一些跟政务相关的数字符号等。指示符号在新媒体政务信息传播过程中往往会和其他符号组合起来，从而使人们更能清楚地了解某些政务信息。

规约符是一种约定俗成的符号类型，与指示符不同的是，规约符和其所指示的事物之间并不存在天然的联系，符号与事物之间的联系几乎都是人为建立的。例如，每个国家都有自己的国徽与国旗，它们代表着国家，是国家的象征，但是这种联系并不是它们本身固有的，而是人为建立的。例如，红色与喜庆的节日相联系，玫瑰和浪漫的爱情相联系，等等。从一般意义上来讲，语言文字也是一种规约符。

（二）新媒体政务语用符号的构成

语用符号是指在语言运用中使用的各种符号，其种类繁多，可以从不同的角度进行分类。基于视听的分类标准，可以将语用符号划分为“视觉符号”和“听觉符号”两大类。基于三分法的分类标准，可以将语用符号划分为“像似符”“指示符”和“规约符”。无论是哪种分类方式，都旨在更好地理解语言运用中各种符号的特点和作用。按照信息传播的媒介对新媒体政务涉及的语言符号特征进行归类和分类，是我们认为比较可行的方法，主要有以下几个类别。

1. 文字符号

政府利用新媒体途径，以文字形式宣传政务信息。文字作为传递信息的一种媒介，使用已久。在现代社会中，随着新兴媒体和政务工作的不断发展，文字符号被广泛地使用。文字具有清晰明了的表达能力，能够高效广泛地传递信息。在新媒体政务的信息传播过程中，文字符号被广泛应用，因为与其他网络符号相比，它的使用成本较低，且传播手段更加多样化。除此之外，新媒体政务与传统政务相比，因为网络媒介的作用，其信息呈现形式不再局限于线性结构，而是以超文本的形式呈现，通过超链接将来自不同空间的文字信息相互链接，形成网状结构，这使得信息传播更加立体化。此外，在新媒体政务中，文字呈现方式极为多样，不局限于枯燥无味的“平铺直叙”，而是采用了各种创意设计，如不同的字号、字体、字形及色彩搭配等，创造出独特的视觉效果，引起了受众的高度关注。

2. 静态实图

政府在利用新媒体发布信息时，常常会运用大量的图片符号来辅助信息的传递。图像作为一种典型的相似符号，具有无须特别学习即可被互联网用户理解的特点，因此能够消除不同语言和社会等级之间的障碍，从而充分发挥相似符号的优势。此外，照片经常是客观事物的映像，它可以呈现有力的视觉效果和真实感，这有助于加强它的可靠性。随着互联网的快速发展，我们进入了一个“读图时代”，越来越多的人倾向于通过图片来获得信息。图片可以用引人注目的特点在视觉上激发受众的兴趣，从而提高他们的参与度。

3. 视频符号

视频是对真实场景的记录和呈现。视频符号能起到实证作用，让我们看到真实的情况。此外，视频除了能够展示图像和声音，还能够加入文字，提供更加全面、客观和立体的信息传播途径。随着网络技术的不断进步，视频在信息传播中所占比例逐渐提高，而且它的感官效果很强，从听觉和视觉方面来看，都能满足网络用户的理解与兴趣的需求。因而，许多视频符号在新媒体政务中发挥了重要作用。

4.动态图片

有一个需要特别留意的地方是，在新媒体政务中仍然存在一些不属于静态实图或静态漫画符号，也不属于视频符号的特殊符号，但是它们的作用非常重要。这些符号常以“动态图片”的形式出现，常用于营造情感氛围和提升娱乐性。这些形象可能出自电视节目、动漫或化身为动漫风格的真实人物，它们具备生动鲜明的动作和表情，并常常搭配文字，以此贴近网络用户的生活，因而备受欢迎。

（三）新媒体政务符号语用的特点

纵观新媒体政务语用符号的运用，总体来说主要有以下几个特点。

1.组合种类的多元化

新媒体政务语言的显著特征之一是采用多种符号的组合来表达意思。随着时代的不断发展，语言也在不断进化，变得更加丰富多彩。人类的传播方式经历了不同的阶段，包括口头、书面、印刷和电子四个阶段。在电子传播时代，广播、电视和网络三次飞跃不断推动着媒介的进步，也对符号的应用带来了影响。随着网络应用范围越来越广泛，我们生活中的各个方面都在发生深刻的改变。新媒体政务在内容、形式和效率等多个方面都得到了显著提升，这得益于网络时代所带来的“视觉化趋势”。在之前提到的例子中，我们可以看到网络用户广泛地使用图片、漫画及视频来表达各种情绪和信息，这些多媒体符号也已经成为他们喜爱的语言符号。

网络是一个充满机遇的广阔领域，它可以加速沟通、促进创新，许多网友的积极参与，使网络变得五彩缤纷。网络用户扮演着获取和贡献信息的双重角色，也因此使网络成了一个丰富多彩、信息极为丰富的平台。另外，网络媒体的特性使网民具有更大的自主选择权，因此信息应当尽可能符合网民的期望和心理需求。网民喜欢个性化和创新化，同时也渴望快速获取信息，这些心理需求促使新媒体政务信息的发布者需要更加注重信息传播速度和传播内容质量。相比传统的文字符号，图片、漫画等符号因其强大的视觉冲击力更容易吸引网民的关注。与静态符号相比，视频符号和动态图符号等更具有刺激人们神经感知的能力，因此更容易引起网络受众的关注。

由于多种因素的影响，新媒体政务语言运用的符号变得更加多样化和丰富化，各个符号也充分发挥了其独特的优势。随着媒体的快速发展，符号的组合方式变得更加丰富。新媒体政务采用的各种符号可以按其传播方式进行分类，如文字、静态图片、视频和动态图像等。这些符号具有各自独特的优势与用途。同时，符号的多样化组合可以增强其表达能力。以单一的文字描述某个政务事件可能会让读者感到乏味，因此在文字中添加图片或视频等符号有助于证实事件的真实性，同时也可以避免读者阅读疲劳的情况出现。另外，使用表情符号还能表达传播主体的情感倾向，形成诙谐有趣的阅读氛围，并促使传播者与传播对象更加亲近。因此，使用多元组合的符号不仅有利于传播主体传达信息，还可以使传播受众更容易理解信息，从而达到双方互利的效果。

2. 传播方式的网络化

网络化的新媒体政务语用符号传播方式是将网络作为媒介而产生的。网络是一种复杂的媒介，集线性和非线性于一体。相比于传统的纸质、广播和电视政务信息，新媒体政务信息采用了多维度的网状组织模式，打破了信息的一维线性组合，使信息更加丰富和立体。通过不同的语用符号组合，信息发布途径的灵活性得到提升，摆脱了传统媒体线性存取的限制。因此，网络受众得以自由地选择信息的获取方式。政务微博存在字数的限制，因此采取了超链接的方式，使得全部信息和语用符号都能被组织利用起来。标有横线的超链接和相关推荐都以网状形式呈现，这种呈现方式可以让互联网用户更加独立地选择信息。

另外，超链接还能够唤起网络受众积极参与新媒体政务的热情。在新媒体上设置留言、评论或转发按钮的政务机构，为网络个体之间的互动和交流搭建了桥梁，这种互动和交流彰显了网络在“主体间性”方面的优势。阅读新媒体政务信息后，网民可通过发表意见或评论来表达观点，同时还可选择转发该信息以推广传播。这样一来，网络用户就更容易参与到政务信息的发布和传播中。这显示了新媒体政务方面所表现出的符号语言传播具有网络化的特征。

3. 修辞作用的前置化

在传统政务中，为了确保清晰明了地传达信息，通常会采用多种语言符号，如使用文字符号来阐述内容，使用图片符号来丰富或证实内容。然而，随着新媒体政务的发展，网络氛围越来越开放自由，网民也越来越追求个性化和创新性，这些趋势渐渐地对语言符号产生了更显著的修辞作用。有些符号甚至可以被用来创造一种修辞手法，以加强表达形象的生动性。这种现象被称为“修辞作用前置”。使用文字符号中的字体、字号和颜色等元素作为修辞手段是行之有效的，它能够吸引网络受众的注意力，让信息传播变得轻松愉悦。在网络的影响下，文本中的标点符号发挥了新的作用，它不仅可以起到断句和改变语气的作用，也有修辞的效果，因此它在新媒体政务信息传播中起到了重要的作用。在新媒体政务传播中，特别引人注目的是那些能够增强情感和娱乐氛围的语用符号，如动态图、静态图片和静态漫画符号。这些符号的主要功能是调和气氛，使得表达更加轻松幽默，这些语用符号突出地表现出了“修辞作用前置化”的特征。

总体来看，新媒体政务的语境所呈现的独特之处，导致语言符号的使用方式也与众不同。新媒体政务语用符号主要呈现出三个特征：一是组织形式多样，种类繁多；二是传播方式趋向网络化；三是修辞作用前置化。认识和运用这些语用符号的特性，有助于增强传播效果。

五、新媒体政务的语篇组织

学术界就“语篇”这个术语有不同的解释。政务微信一般由标题和正文两部分构成，而政务微博则直接呈现正文内容，无须显式标题。下面我们将研究新媒体政务的语篇组织，具体包括探讨政务微信的标题设置及新媒体政务语篇的行文脉络。

（一）政务微信的标题设置

政务微信标题的设置直接影响到文章的阅读量，因此它具有至关重要的作用。从网络的角度来看，网络的公开性和广大用户的互动，使得网络成为一个充满信息的平台。网络的普及打破了信息的单向传递模式，使得信息的接收者和传播者之间的界限变得模糊。通过网络，受众可以更加灵活地选择他们所关心的信息，并从中获取更加个性化的体验。“快速阅读方式”“快餐式阅读”导致读者希望阅读速度变得更快，在这种阅读诉求与阅读实践中，许多信息都可能一闪而过。因此，信息发布形式需要达到更高的要求。一般来说，政务微信的注册形式是微信公众号。微信公众号的文章，采用了“文题分家”的方法。这种方式使得文章的标题会先在最前面展示，方便读者浏览，使得读者可以自主选择是否需要进一步查看。读者要想看到完整内容，就需要通过点击标题进入全文页面。这是微信公众号的一个明显特点。

在信息充斥的互联网时代，政务微信需要用恰当的方式设置标题，以引起关注。以下对几种标题类型进行介绍。

第一，省略式。政务微信标题常常采用省略的方式，即在标题中略去一些信息，需要读者阅读正文来了解完整信息。

第二，政务微信经常使用疑问形式的标题，这种标题形式鼓励读者思考问题并自行寻找答案。读者会因此对标题产生浓厚的兴趣并点击全文进行阅读。

第三，使用反语类的标题，以独特的方式，揭示一些违反规定、不符合社会道德准则的不良行为。利用反话的技巧，不仅可以表明自己的立场，还能够更加生动有趣地表达情感，可以说这是一种富有幽默感的表达方式。

第四，利用代词来替换原本的词语或短语以达到简洁明了的表达效果。政务微信经常使用代词类标题。此类标题运用代词，如“这、他、它、这样、这么、这里”等来指代一些信息，而该信息恰好是读者最为关注的，那这种方式就会激起读者继续阅读全文的兴趣。

第五，通过指定受众来表达信息。网络是一个浩瀚的信息海洋，人们在搜寻信息时，通常会自然而然地倾向于寻找与自己生产和生活密切相关的内容。因此，用户往往会对与自己相关的信息更感兴趣。政务微信在某些标题中着重强调了信息传播的目标受众，即“特定受众”，从而使得传播更加具有针对性。

（二）新媒体政务语篇的行文脉络

新媒体政务的语用符号和标题设置受到其独特的语用环境的影响，同时这些独具特色的语用环境也影响着正文的基本形式和特征。

语篇的框架包括哪些部分及这些部分的顺序组成，就是所谓的行文脉络。新媒体政务的行文脉络的基本形式、新媒体政务的传播内容、新媒体政务的语境状况三者存在一定的相关性。以下是新媒体政务行文脉络的两种主要形式。

首先，逻辑顺序式。新媒体政务行文脉络的基本形式是按照逻辑顺序进行组织的。时间的顺序与事件发展的逻辑关系是逻辑顺序式行文脉络形式组织语篇的两种基本方法。

其次，倒金字塔式。新闻报道中的“倒金字塔结构”或“倒三角结构”是一种常见的写作形式，它将最重要的内容放在开头部分进行交代，接着写入较次要的细节内容，因其类似倒置的三角形结构而得名。新媒体政务经常利用新闻报道来传递信息，因此采用“倒金字塔结构”是其常见的行文脉络方式。

《新闻语用研究》中对梵·迪克和李水仙等人的倒金字塔结构图式进行了分析并提出自己的观点，如图 6-3-2 所示。[①]

---

① 赵宏．新闻语用研究[M]．北京：中国社会科学出版社，2014．

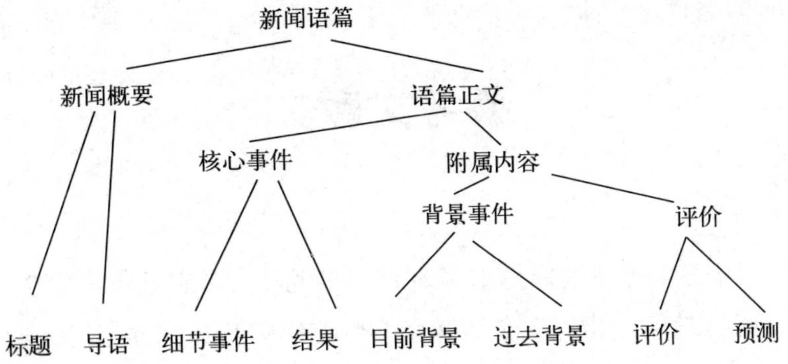

图 6-3-2　倒金字塔结构图式

该结构图式简明清晰，提供了对倒金字塔结构的认识顺序，即标题、导语、细节事件、结果、目前背景、过去背景、评价、预测。在新媒体政务中，有很多依照或灵活变动此结构对篇章进行组织的行文脉络。

由此，通过对新媒体政务的语境、语用符号及语篇组织的概念、应用等进行分析，我们能够更好地理解传播语言学在新媒体政务这一领域的具体运用。

综上所述，本章的主要内容为传播语言学的理论知识及其在广告领域和新媒体领域的相关应用研究，具体包括了传播语言学的性质、相关概念（国际传播语言学）及研究意义；阐述了广告的相关知识，包括基本概念、相关术语、广告诉求的主要策略、广告语境特征的理论知识、广告语篇的结构及创作应用、广告学和传播学的区别与联系；对新媒体的概念、新媒体政务传播语用研究的意义、新媒体政务的语境、新媒体的语用符号及新媒体政务的语篇组织进行了详细论述。

参考文献

[1] 刘辉．应用语言学方法进阶 [M]. 哈尔滨：黑龙江大学出版社，2022.

[2] 杨雪萍．语言学理论指导下英语教学多维度研究 [M]. 北京：中国书籍出版社，2022.

[3] 殷世宇．英汉语调对比研究与翻译理论的演化 [M]. 天津：天津大学出版社，2022.

[4] 周志培，赵蔚．语篇理论与教学应用 [M]. 上海：华东理工大学出版社，2020.

[5] 杨雪燕．系统功能语言学理论与实践 [M]. 上海：上海外语教育出版社，2021.

[6] 潘家荣．基本语言学理论研究：示证范畴研究 [M]. 天津：南开大学出版社，2021.

[7] 吴森．英语语言学基本理论及多维视角探索 [M]. 长春：吉林出版集团股份有限公司，2021.

[8] 王淑雯，班颖超，苏冲，等．社会语言学概论 [M]. 成都：四川大学出版社，2021.

[9] 胡晓霞．基于应用语言学理论下的高校英语教学研究 [M]. 长春：吉林人民出版社，2021.

[10] 王德春．语言学通论 [M]. 北京：商务印书馆，2020.

[11] 吴燕侠．语言学理论实用教程 [M]. 成都：西南交通大学出版社，2020.

[12] 张德禄．系统功能语言学与外语教育研究 [M]. 上海：上海外语教育出版社，2020.

[13] 刘爱玲，魏冰，吴继琴．英语语言学与英语翻译理论研究 [M]. 长春：吉林出版集团股份有限公司，2020.

[14] 于慧川 . 基于多维视角的英语语言学研究 [M]. 北京：中国纺织出版社，2020.

[15] 何冰，陈雪莲，王慧娟 . 语言学应用与英语课堂教学研究 [M]. 郑州：黄河水利出版社，2020.

[16] 刘振聪，刁慧莹 . 应用语言学前沿研究：理论、方法与实践 [M]. 北京：旅游教育出版社，2020.

[17] 宁静 . 跨文化交际背景下的对比语言学研究 [M]. 北京：北京工业大学出版社，2020.

[18] 特鲁别茨柯依 . 音位学原理 [M]. 杨衍春，译 . 桂林：广西师范大学出版社，2016.

[19] 索绪尔 . 普通语言学教程 [M]. 高名凯，译 . 北京：商务印书馆，2017.

[20] 孙瑜 . 多维视角下英语语言学理论体系的建构 [J]. 海外英语，2022（20）：91–92.

[21] 杨林秀 . 系统功能语言学在言据性研究中的适用性 [J]. 北京科技大学学报（社会科学版），2022，38（5）：517–524.

[22] 向大军 . 系统功能语言学的共生思想 [J]. 北京科技大学学报（社会科学版），2022，38（5）：525–532.

[23] 高静 . 基于语言学理论的高校英语教学改革研究 [J]. 浙江工商职业技术学院学报，2022，21（3）：63–66.

[24] 庞亚飞 . 国内生态语言学研究的回顾与展望 [J]. 佛山科学技术学院学报（社会科学版），2022，40（4）：72–78.

[25] 何梦宇 . 计量语言学研究现状与展望 [J]. 华北水利水电大学学报（社会科学版），2022，38（4）：111–114.

[26] 吴小芳 . 认知生态语言学学理的阐释性梳理研究 [J]. 淮阴工学院学报，2022，31（2）：65–71.

[27] 胡开宝，尚文博 . 语言学与语言智能 [J]. 华东师范大学学报（哲学社会科学版），2022，54（2）：103–109，176.

[28] 单永燕 . 语料库词典学视域下俄汉语言学术语规范化研究 [D]. 大连：大连海事大学，2022.

[29] 闫维宏．融合语言学特征的中文机器阅读理解研究 [D]. 哈尔滨：哈尔滨工业大学，2022.

[30] 陈晓艺．认知语言学视角下留学生量词“颗”、“粒”偏误研究与教学启示 [D]. 桂林：广西师范大学，2022.

[31] 马晓彤．语言学和经济学期刊引言元话语对比研究 [D]. 长春：长春理工大学，2022.

[32] 孙文晴．互动语言学视角下汉语语气副词的考察分析 [D]. 青岛：青岛大学，2022.

[33] Wirag A，Li Y，Zhang B．Applying cognitive linguistics to foreign language teaching and learning:addressing current research challenges [J]．Cognitive Linguistic Studies，2022，9(2):185-201.